高手學習

萬維鋼——著

「精英日課」人氣作家，
教你學精、學廣，
煉成別人拿不走的超強自學力

NEW SCIENCE OF **LEARNING** FOR **GENERALISTS**

高手推薦

我在「得到」平臺上長期追蹤萬維鋼老師，特別喜歡他用理工人的思維，來嚴謹拆解各類知識，幫助我在紛亂的網路世界中，釐清一條智慧之路。

而身爲企業講師，「如何高效學習」當然是我關注的焦點。這本書正好是萬維鋼老師用邏輯思考來拆解「如何高效學習」這件事，等於一次滿足我兩個渴望，推薦給樂在學習，終生學習的朋友們！

——姚詩豪（「大人學」共同創辦人）

這本書的焦點在於有系統的思考闡述「如何有效且高價值地學習」，而身爲「得到」App 萬維鋼老師長期以來的忠實學員，數年來一直受益良多，所以衷心希望萬老師的這本新書能夠有更多的人接觸、研讀、體會到。因爲在這知識推陳出新、思維浪潮前仆後繼的時代，擁有自己的學習「內功心法」，才是硬道理啊！

——盧世安（「人資小週末」創辦人）

推薦文

人要活得好，就要成為學習高手！

許景泰（大大學院創辦人）

當大家都不斷提及，未來十年內，ＡＩ人工智慧將會取代半數人類可以做的工作時，也就是在提醒你，當前你最重要、最急迫的，就是要擁有一套高效學習的技術。因爲唯有懂得如何做到高手學習，你才能快速因應外在的變化；唯有掌握學習的多元視角，深度學習、跨界連結，才不會遭到淘汰。想要活下來，活得好，又活得久，本書絕對是向高手學習的實戰指南。

事實上，人跟人之間最大的差別，往往出在對一件事有著不同的「認知」差距。而「認知」的高低不同，直接反應了一個人在學習上的水平如何。作者萬維綱在這本書中做了一套詳實學習體系的解答。如果你想從各領域高手中挖掘出最聰明的學習路徑，請不要再低等勤勞，因爲學了無用、學了仍舊沒有好效果，那就表示你尚未掌握到書中所提的，學習的精髓所在。

我的好朋友世界棋王（又稱紅面棋王）周俊勳就跟我說，很多職業棋士之所以能力無法突破，最大的問題就是在「舒適圈」中習慣了贏棋的方法。贏棋在結果上看起來是好的，但若棋贏了，卻沒在每一次贏的過程中，深度探索更好的下棋策略，只要一遇上棋力更強的對手，很快就會敗下陣來。

這也是書中一再提到，很多人都以為「刻意練習」就是讓想成為某個領域高手的人，只要靠著「一萬小時」的勤奮練習就可達成。而實際上是輕忽了學習過程中，是否能持續在困難點上突破、進步。當我們習慣「做對」一件事時，很可能就是我們不再精進、進步緩慢的開始。因為，我們大腦自動地不再思考如何做出重大突破或做出不一樣的作為。當掌握的「套路」（方法）愈少時，面對熟習的問題或許能迎刃而解，但只要遇上稍微複雜的難題時，可能就會出現舊有套路不適用，需要新套路、不同套路才有辦法眞正解決問題的窘境。

你也許會問，若學習遇到瓶頸，卻無法發現學習盲點、誤區，導致學習效果不佳，該如何是好？書中就提到「一對一的學徒制」比「團體大班制」教學，可能更有效地導正你的學習盲點。

事實上，這也就是為什麼職業選手再厲害，都要找一名好教練來指導他，好指出關鍵錯誤所在。由此可知，學習一件事或技能，練習的時數不是最重要的，而是能否找到你眞正問題所在，提出更好的方法去加以練習，不斷優化實踐，才是刻意練習的關鍵。

好好閱讀這本書，你將會找到學習上突破的頂尖思維為何？過去你以為自己知道，事實卻是你的理解並不一定正確的。原因很可能出在你學習的工具、套路實在太少，導致問題被長久遮蔽，而你已早已不自覺。本書可以爲你對症下藥，找出有效藥方。

又或者是你已經知道自己應該學什麼，但卻老是在走彎路，學得不夠精準，也花了很多金錢、時間、精力，最終效果卻總是差強人意……本書也提出了許多科學實證的具體作法，給你做了很好的指引。

當然，我更覺得書上很多知識、方法、認知，你或許略知一二，只是本書爲你做了一套系統梳理，有助於你把複雜、繁瑣的思緒，釐清爲一個明確有力的解答。最後，我更希望每一位職場人可以透過本書，可以破除僵化的思考框架，學會成爲一位更全面的通才專家。高手學習的技術，能將你所學所得轉化爲個人寶貴的資產，創造更大的價值！

推薦文

高手思維讓人游刃有餘，再與高手比肩學習

楊斯棓（醫師、《人生路引》作者）

萬維鋼是一位勤勞思考者，也是一位敏銳觀察家。在這個招牌掉下來會輕易砸到博士和作家的年代，我必須這樣介紹他出場。

有幸受邀幫萬先生的大作《高手學習》寫推薦序，他的專欄定位是追蹤新思想：「要新，要硬，要（讓讀者）能得到。」如此清楚昭告天下。

定居美國的他，凝視中國，俯瞰世界，下筆冷峻，發人深省。他評論中國，但非貴美賤中。他寫道：「中國傳統的文理分科制度早就過時了，而我們對自由技藝的認識還停留在『通識教育』這種兒童思維上。」

中國如此，臺灣又何如？

再來，這本書對於「自由技藝」的論述，堪稱賣點之一。譬如他提及：「那自由技藝培養的是什麼人呢？培養的是具有自由意志和獨立人格的人，我看也可以說是『拒絕被統治』的人。」他在前作《高手思維》一書，談做事得體融通，談人的腦袋該怎麼用，以及

筆記軟體 Evernote 可以怎麼助攻。而《高手學習》談得既深且廣，對上述主題內容，也做了精彩補充。

萬先生揭櫫《高手學習》不是心靈雞湯，也不是在教人考高分。《高手學習》是一本學習之書。關於學習的諸多論點，萬先生筆下多有科學證據支持，他拆解了第一流高手抵達彼岸的心法與技法，也重新詮釋了不少我們想當然耳的觀念。一般人總以為略知一二就能自恃通才，沒想到萬先生說「能綜合運用各個門派武功心法的人」才能稱為通才。

通才的「通」，在萬先生筆下，並非市井俗語「樣樣通，樣樣鬆」的「通」，而是融會貫通的「通」。如果你讀過萬先生前作，我想你知道他還很重視通情達理的「通」。

而關於「一萬小時」的迷思，很多人輕率地以為自己理解了一萬小時理論，以為隨便挑個項目，蹲一萬小時就能變成一個咖。這樣的認知和事實有不小落差。

有些領域，方法態度具備，老師也找對，或許不需要一萬小時也能騰飛；有些目標，方法態度具備，老師也找對，但一萬小時水還煮不沸。打個比方，如果目標是音樂家，而不只是音樂教室老師，你得更早出發。

針對一萬小時，萬先生提醒：「真正的關鍵根本就不是訓練時間的長短，而是訓練的方法。」馬修．施雅德（Matthew Syed）寫下《練習的力量》（*Bounce*）一書。撰文寫序時，我把該書濃縮成十二個字：「有教練，常常練，要意見，要改變。」而萬先生持論，也與這十二字的主張雷同。

萬先生還引用諾爾．提區（Noel Tichy）的模型來說明人們學習知識和技能的過程，由內而外分別是：舒適區、學習區、恐慌區（關於舒適圈理論，還有多種模型）。舒適區是指你早已熟練的各種技能，恐慌區是你暫時還不會的技能，學習區是當下最適合你學習的技能。

我有個好朋友YT，大學聯考國文、英文都考了近九十分，其他各科都超過九十，驚奇的是這幾科還都同分。我聽她敘述她準備應考的戰略，很訝異她完全切中前述結構。

她不會耽溺在舒適區，如果耽溺在舒適區，整個晚上確實念了書，卻都是念早已熟悉或者是較有把握的科目，最後成績可能差強人意。她精準分配戰力給各科，日日都在學習區前進，到大考前夕，對她來說，戰力已經累加極大範圍的舒適區，突圍到沒有什麼恐慌區，所以考出令人稱羨的佳績，戰果豐碩。

書中也舉例，普通運動員之所以普通，是因爲他們「更喜歡練自己早已掌握了的動作」，就像英文很好，卻念了整晚英文，但數學積弱、物理不振的高中生。頂尖運動員之所以頂尖，是因爲他們「練習各種高難度的跳躍動作」，那段話是這麼說的：「眞正的練習不是爲了完成運動量，練習的精髓是要持續地做自己做不好的事。」

把重要的道理想明白，不偏聽，做事就更有要領，目標就更可近。勤讀萬維鋼，你我人生就有更多自我實現的篇章。

推薦文

條條大路都是通往高手之路

愛瑞克（知識交流平台TMBA共同創辦人）

在過去幾年當中，「刻意練習」和「一萬小時定律」成爲顯學，幫助了許多人更加努力投入特定領域深耕發展，周遭幾位好友也是受惠者，並與我分享其好處，顯見影響力之大。然而，每個人的成長背景與性格、天賦差異極大，也並非每一個人的成功都取決於相同的學習成長模式，事實上，這個世界很大，大到很難用一個制式化的公式來給每一個人套用，學習也是。

二〇〇一年我在臺大與幾位好友共同創立TMBA這個跨系所的社團之後，隨著政大、清大、交大等其他縣市的學生陸續加入之後，TMBA成了跨校的大型組織，近年來每年加入的新生多達三百位，我在其中深刻體會到彼此間的差異極大，即便是尚未踏入職場的莘莘學子，都很難套用相同的學習模式而獲得最佳的結果，何況是已經在職場奮鬥多年的社會人士。

很高興見到萬維鋼老師透過此書，更加深入探討「刻意練習」和「一萬小時定律」，融合出獨到具體的建議，而其闡述方式易懂易執行，幫助人們有效擺脫「低等勤奮」的無效努力。此外，此書更採取宏觀視角來探討學習與應用的方法，將學習相關的運用範圍做到最完整而深刻的分析。市場上探討學習方法的著作愈來愈多，然而此書確實是我目前所見到，談得既深且廣，又實用的一本！

我無庸置疑作者所說：「內容經過了十萬名以上讀者的淬鍊。」相信讀者您也可以從這本著作中深刻體會這些知識精華經過反覆精雕細琢之後，所呈現出來的樣貌，以及相較於坊間同類型書籍，其明顯的差異性。

此書提到：「要解決複雜的問題，『刻意練習』一招可能派不上用場。」我認爲讀過《刻意練習》（*Peak*）、《恆毅力》（*Grit*）、《異數》（*Outliers*）這幾本知名著作之後，再將《高手學習》納入延伸閱讀有其必要性，此書不僅談學習本身，又延伸至創意、寫作、文化自覺等更寬廣的面向。

書中有一句：「每一條路，都是少有人走的路。」一開始我無法理解與認同，畢竟這個世界上能堪稱爲「路」的，還有哪幾條沒被人走過呢？然而看完此書，我懂了，也深刻認同。只要我們將「每一條路」定義爲每一個人一生的生涯軌跡，串起他所走過的點點滴滴，確實有史以來沒有任何兩個人的路是完全一樣的。數位政委唐鳳說過一句名言：「與眾不同是常態，與眾相同是錯覺。」當我們試著以數字統計或歸納法總結出幾個「常態」或「模型」的時候，我們都容易陷入「平均值」的迷思，而忽略了每一個人擁有截然不同的天賦與使命這個特質。

已故的蘋果創辦人賈伯斯（Steve Jobs）曾說：「人生苦短，不要浪費時間活在別人的陰影裡；不要被教條困住，活在別人思考的結果裡。不要讓他人意見的雜音壓過自己的心聲。」天才和瘋子有時候只是一線之隔，我們都應該以更寬廣的包容性來看待學習這一件事情，不要受限於制式刻板的模式當中。

誠摯推薦此書，幫助自己和下一代尋找到更適合自己的學習方法，讓天賦自由！

推薦文

大腦的武功祕笈，要向高手來學習

鄭俊德（「閱讀人」社群主編）

提到武俠高手，我想你一定會想起金庸，這也是我年少輕狂時能夠讓我廢寢忘食的讀物，透過閱讀，我總是神遊在武林的想像世界，總想著打通任督二脈，晉升武林高手之林。所以，學生時期的我眞的花很多時間鑽研如何成爲武林高手，還特別去學了跆拳道以及參加國術社，而後才知道——要習得正確武功，需要有套路。

長大後回到現實，認清征服世界不需要舞刀弄劍，需要用的是大腦，而腦袋裡的武功也有祕笈！

向你推薦這本書《高手學習》，作者是中國非常知名的萬維鋼老師，現爲美國科羅拉多大學物理系研究員，他被許多中國出版業者列爲首席國際書探，擅長整理非常複雜的學問，將內容轉化成普羅大眾能懂的觀點與流程。

這次他又挑戰了一個非常不容易的任務——使用腦袋的武功祕笈，他寫出來了！他在序言甚至提到，恨不得在學生時期就能有這本書，就不會繞太多彎路，可以更快達到他理想的目標與成就。

這本祕笈裡，到底透露了什麼大腦工夫呢？我幫大家簡單提煉出來，讓大家知道這本書的厲害，分別是：學精第一、學廣第二、創造第三、策略第四、兵器第五、無爲第六。光看這六步驟就能知道，大腦的學問眞的是一門技術，不是自己能夠忽然參透，或即使參透也只能窺知一二，而萬維鋼老師卻將其統整出來了。

這個流程也有他的學問，例如學精第一，萬維鋼老師提到成爲大師的關鍵是「刻意練習」的一萬小時理論。他在第一章先講明，做學問本身不輕鬆，需要投入時間，用正確的方式打好基礎，這部分有兩個關鍵，找一個厲害的老師，或是找一本厲害的書。

學廣第二，提到了學習的自由度，不要把自己局限在單一學科或是單一領域知識，需要學習跨界思考的能力。，如同《周禮》的古六藝（禮教、音樂、射箭、騎馬車、書法、數學），這是古代要成爲一個管理者所需要學習的各種技能。而《華爾街日報》針對美國各大企業的人才需求調查，提到擁有批判性思維、交流能力、解決問題能力，甚至比本科專業都還重要，因爲以上三點需要跨界的經驗累積與不斷試錯。

創造第三，提到思考的靈活度鍛鍊，方法就是善用大腦的兩個機制，分別是集中思維與發散思維。這部分在許多大腦科學的書中都被證實，包括《快思慢想》（*Thinking, Fast and Slow*）、《大腦喜歡這樣學》（*A Mind for Numbers*）等書都有提到。

策略第四，提到自學的好處與自學的重要。在過去的課堂教育，要求學生全神貫注四十五分鐘，本身是不合理的，甚至會讓學生對學習產生負面排斥的反效果，但如果你懂得自學，就會知道如何活用自己的學習時間，安排適合自己的進度。

兵器第五，這裡指的是寫作、筆記、心智圖、雲端筆記等應用。告訴你如何使用這些工具，而更大的目的是無劍勝有劍，當你記下來後，就可以好好忘記，解放大腦是筆記的目的。

無為第六，則是內隱學習與外顯學習的活用，透過潛移默化，行動實踐的過程，將知識內化並融會貫通。

如果你渴望開啓大腦的潛能，與其胡亂練功，繞更多遠路，不如讀讀這本《高手學習》操作大腦學習的技術。做學問不輕鬆，但是只要是正確的開始，離成功就不會太遠了！

推薦文

學習更好的學習

賴以威（臺師大電機系助理教授、數感實驗室共同創辦人）

記得博士班最後一門課的期末考完時，我還有點感嘆地想：這輩子再也不用準備考試了。但考試會停止，學習則是一輩子的事情。

以我自己來說，念電機博士班到二十八歲。之後因爲對數學科普傳播、寫作有興趣、開始學習寫作；寫了幾年，有單位邀請演講，我開始學習演說；到大學任教，開始學習教學；網路社群發達，開始學習經營粉絲頁；前陣子疫情，又開始學習錄製教學或科普影片。學術研究上更是得不斷閱讀最新期刊，參加研討會，才能有新的研究成果。每次學習當下都很累人，但是之後想想都很有趣。

這是個不斷往前走的知識時代，一招吃十年或許依然存在，但能吃的顯然比起過去要少很多，也因此，「如何學習」成了顯學。畢竟人們的時間有限，有家庭子女後，個人時間更是大幅被壓縮，無法增加學習時間，只有想辦法提升學習效率。這可以是一些口耳相傳的技巧，但也可以是科學。

舉個例子來說，我們舉辦許多數學科普的推廣活動，強調要讓孩子有興趣，才能學得好。這不只是「感覺上好像是這樣」，而是（書中也有提到）眞的有研究發現，長期追蹤學生的成績後，得知眞正決定一個孩子進步幅度的不是智商，而是學習方法與內在動力，後者就是興趣。因爲興趣才是眞的能讓一個孩子願意（且主動積極）投入大量時間學習的關鍵。

這幾年市面上有許多相關的書籍，有從實務經驗累積而來，也有從嚴謹的學術殿堂中建構而生。不同的論點與實驗結果百家爭鳴，彼此呼應或排擠。而這本由萬維鋼老師所寫的《高手學習》，你可以想成像期刊論文裡的 survey 或 tutorial，總整性地梳理了這些年來關於學習科學的文獻。作者旁徵博引許多人們耳熟能詳的書籍如《異數》、英國經濟學家哈福特（Tim Harford）的《亂，但是更好》（*Messy*），這些經典的內容被作者依照六大主題，「學精」、「學廣」、「創造」、「策略」、「兵器」（工具）、「無爲」（比較接近「得道」的一個階段），重新拆解組裝、分門別類。

先不提這些主題的命名讓人想起古書篇章的趣味，或許是因爲中文書寫與翻譯書本質上的差異，也或許是作者的行文思路清晰，畢竟萬維鋼老師擅長的就是說書，將知識轉譯成人們好吸收的樣貌。書中許多就算是已知的觀念，在作者的重新論述下，讀起來更加有感，也有了不一樣的體悟。我們團隊「數感實驗室」一直在舉辦給中學生的「學習方法」講座，也將參考此書設計出更多有趣、有意義的課程活動。

我們需要學習，不僅僅是爲了要保持競爭力，同時也是爲了享受學習帶來自我成長的喜悅。

當數學中的「對數」概念被發明，大幅提升天文學家的計算效率時，大數學家拉普拉斯（Pierre Simon Laplace）曾說，這相當於讓天文學家的壽命延長了一倍。而找到對的學習方法也就是這個道理，它幫助我們能更有效率地學好一件事，更容易地蛻變成自己想要的那種人。

總序

寫給天下通才

感謝你拿起這本書，我希望你是一個「通才」。我對你有一個特別大的設想。

我設想，如果你不滿足於僅僅靠某一項專業技能謀生，不想做個「工具人」；如果你想做一個能掌控自己的命運、自由的人，一個博弈者，一個決策者；如果你想要對世界負點責任，要做一個給自己和別人拿主意的「士」，我希望能幫助你。

怎麼成爲這樣的人？一般的建議是讀古代經典。古代經典的本質是寫給貴族的書，像中國的「六藝」、古羅馬的「七藝」，說的都是自由技藝，都是塑造完整的人，不像現在標準化的教育都是爲了訓練「有用的人才」。經典是應該讀，但那遠遠不夠。

今天的世界比經典時代要複雜得多，今天學者們的思想比古代經典要先進得多。現在我們有很成熟的資訊和決策分析方法，古人連機率都不懂。賽局理論都已經如此發達了，你不能還捧著一本《孫子兵法》就以爲可以橫掃一切權謀。我主張你讀新書，學新思想。經典最厲害的時代，是它們還是新書的時代。

就我所知而言，我認爲你至少應該擁有這些見識——對我們這個世界的基本認識，包含科學家對宇宙和大自然的最新理解；對「人」的基本認識，例如科學化地使用大腦，控制情緒；社會是怎麼運行的，好比個人與個人、利益集團與利益集團之間如何互動。你還要能理解複雜事物，而不僅僅是執行演算法和走流程，以及一定的抽象思維和邏輯運算能力，掌握多個思維模型，遇到新舊難題都有辦法，一套高段的價值觀……

這代表——你需要成為一個「通才」。普通人才不需要了解這些，埋頭把自己的工作做好就行，但你不想當普通人才。君子不器，勞心者治人，君子之道鮮矣。你得把頭腦變複雜，你得什麼都懂才好。你不能指望讀一、兩本書就變成通才，你得讀很多書，做很多事，有很多領悟才行。

我能幫助你的，是這一本本的小書。我是一個科學作家，在「得到」App 寫一個叫做「精英日課」的專欄。這個專欄專門追蹤新思想。有時候我隨時看到有意思的新書、有意思的思想，就寫幾期內容；有時候我做大量調查研究，寫成一個專題。這些書脫胎於專欄，內容經過了十萬名以上讀者的淬煉，書中還有讀者和我的問答互動。

之前我們已先出版《高手思維》，現在出的是《高手學習》一書，也已經完成談「相對論」、「賽局理論」的書籍。未來還有各種知識專題，都在研發之中。

通才並不是對什麼東西都略知一二的人，不是只知道各個門派趣聞軼事的人，而是能綜合運用各個門派武功心法的人。這些書並不是某項學科知識的「簡易讀本」，我的目的不是讓你簡單知道，而是讓你領會其中的門道。當然你作為非專業人士，不可能去求解愛因斯坦（Albert Einstein）的重力場方程式，但是你至少能領略到相對論的純正的美，而不是卡通化、兒童化的東西。

這些書不是長篇小說，但我仍然希望你能因爲體會到其中某個思想，或與某一位英雄人物共鳴，而產生驚心動魄的感覺。

我們幸運地生活在科技和思想高度發達的現代世界，能輕易接觸到第一流的智慧，我們擁有比古人好得多的學習條件。這一代人應該出很多了不起的人物才對，如果你是其中一員，那是我最大的榮幸。

萬維鋼

二〇二〇年五月七日

目錄

引言

這是一本講學習方法的書

這不是一本勸人努力學習的書，更不是一本教人如何在學校取得好成績的書。這本書說的是眞正的、爲了增長智慧和本領的那種學習，而我認爲大多數人學不好不是因爲不努力，而是因爲不得法。這是一本講學習方法的書——不是一般的老師們摸索的那些民間方法，而是經過最新科學研究驗證的、能達到最高效率的方法。

過去幾十年來，科學家們透過實驗研究和對學習高手的觀察，結合心理學特別是腦科學的進步，可以說是發現了學習的祕密。怎樣快速掌握一項標準化的技能？如何加深對知識的記憶？創造性思維到底是什麼？像這樣的問題都已經有了比較清晰的結論。而這些有關學習方法的研究結果都還比較新，有的研究還在進行之中，尚未普及，所以這本書有很多關於學習的新知，是我研究、整理了大量的科學文獻，結合自身的經驗體會，把這些方法總結爲六個部分。

對於常規性的學習，比如要掌握一項簡單技能或者在某個標準化考試中取得好成績，「刻意練習」這個方法就足夠了，它能讓你學到精通的地步，這是本書第一部分的主題。我大概是第一個把「刻意練習」這個概念介紹給中國讀者的人，甚至本書的第一篇文章你很可能已經讀過。但近幾年我看到人們對刻意練習有很多誤解，希望這次能徹底講明白。

並非所有本領都適合刻意練習。我們的第二部分說的是那種能解決複雜問題、能治國安邦的大本領，它需要的不是你對某個技能掌握得特別精熟，而是要廣泛涉獵多個領域。精和廣是一對矛盾，你需要科學面對。

第三部分講創造性。創造性也是可以學的。你需要了解什麼是「發散思維」和「集中思維」，你需要學會連結遙遠的想法，你需要選擇和他人、市場的合適距離，你需要時不時主動放鬆大腦。

學習方法是一方面，學習策略則是另一個問題，這也是第四部分的主題。要自學還是跟著老師學？要追求眼前的考試成績還是長遠的能力？選擇什麼樣的技能？學校到底是個什麼地方？我們絕不和稀泥，你會做出明確的選擇。

第五部分講學習和做研究的工具，特別是我喜歡的幾個工具。你會發現「心智圖」是個非常有用的武器，但是一般人根本沒有發揮它的威力。我想告訴你高手是怎麼做事的。

不管你學的是什麼領域，最高境界都是「無爲」。這是一種令人神往的、隨心所欲而又無所不能的狀態，是一種神祕的體驗。我們在第六部分探索這個只可意會的境界。

我只恨自己上學的時候沒有這樣一本書，但是現在知道也不晚。科學學習方法不相信什麼「寓教於樂」，學習這件事永遠都需要你的刻苦付出。但願本書中這些方法能讓你不走彎路，以最快的速度達到高水準。

這個世界充滿不確定性，很多事情就算你特別努力且使用了正確方法，也未必能成功，但「學習」不是這樣。學習是一件讓人充滿掌控感的事，你可以做到日日精進，你會感到快樂。

PART1

學精第一

第1章 刻意練習

怎樣成為某一領域的頂尖高手？現在所有人都知道一個標準答案：練習一萬小時。「一萬小時」這個說法來自麥爾坎．葛拉威爾（Malcolm Gladwell）的《異數》（*Outlies*）一書。此書的影響巨大❶，它告訴我們天才不是天生的，是練出來的，而且要練習一萬小時。可是，如果一個年輕人想要把自己變成頂尖高手，光知道一個「一萬小時」的口號毫無意義。

成為頂尖高手的確需要長時間的練習。每天練三小時，完成一萬小時需要十年的時間，但這只是達到世界水準的最低要求。各個領域需要的練習時間非常不同，很多領域要求的訓練時間遠超過一萬小時。比如對音樂家而言，需要訓練十五到二十五年才能達到世界級水準。而在某些領域，如果一個人很有天賦而且訓練得當，他也能在非常短的時間內就成為頂尖高手。

順便一提，強調練習的同時絕對不能否定天賦的重要性。對體育和音樂之類的項目來說，沒有天賦可能再怎麼練也沒用。一項二〇一四年的研究發現，對音樂來說，天賦比練習時間重要得多。一對基因相同的同卵雙胞胎的練習時間相差兩萬多個小時，但是他們的音樂水準居然是一樣的。也許一個人最後的成就，不是練習加天賦，而是練習乘以天賦，一項是零最後結果就是零。

事實上，對訓練這件事來說，眞正的關鍵根本就不在於訓練時間的長短，而是訓練的方法。

練習，講究的並不是誰練得最苦，或者誰的心最「誠」。業餘愛好者自娛自樂式的練習和專業選手的訓練是兩個完全不同的概念。外行往往只看到專業選手是全職訓練的，而且練得挺苦，卻忽視了訓練方法的重要性。

壞消息是高水準訓練的成本很高。你需要一位掌握這個領域的先進知識的最好教練，你需要一個有助於你提高能力的外部環境——這通常意味著加入一所好大學或者入選一個好的俱樂部，你要能忍受一點都不舒服的訓練方法，而且你需要投入非常多的訓練時間。

好消息是各個領域的不同訓練方法也都存在著一些共同特徵。這意味著哪怕我們並不是眞的想成爲世界冠軍，也可以借鏡一些世界冠軍的訓練方法來完善自我。比如我從來沒有爭奪諾貝爾文學獎的願望，但我也可以在業餘時間使用科學的練習手段來提高一點自己

❶ 其實《異數》一書談論的大多是孕育頂尖高手的一些宏觀因素，比如放大早期優勢的馬太效應、家庭能不能給孩子提供一個好的訓練條件，以及客觀時勢和各國文化的影響。

的寫作水準。

在過去的二、三十年，心理學家有系統地調查研究了各行各業新手、一般專家，到世界級大師的訓練方法，包括運動員、音樂家、西洋棋棋手、醫生、數學家、超強記憶力者等等，試圖發現其中的共同性。他們的研究甚至細緻到精確記錄一所音樂學院的所有學生每天做的每一件小事，統計他們做每件事所用的時間。他們調查這些學生的父母情況和家庭環境，並了解學生在來音樂學院以前的學習情況，比如從什麼時候開始練琴的。他們甚至要求這些學生寫一個星期的日記。科學家們把獲得的所有資料匯總在一起，與學生們的音樂水準對照，來尋找使那些音樂天才脫穎而出的關鍵因素。

現在，這項工作已經成熟了。二〇〇六年，一本九百多頁的論文合集，《劍橋專業知識與專家技能手冊》（*The Cambridge Handbook of Expertise and Expert Performance*）出版。此書匯總了多位心理學家的研究結果，系統化地分析了各個領域內專家的訓練方法，並與神經科學及認知科學最新研究成果相結合，對這些方法的機制進行了科學的解釋。這是「怎樣練成天才」研究的一本里程碑式的學術著作，此書直接引領了後來的一系列暢銷書，包括葛拉威爾的《異數》、傑夫．柯文（Geoff Colvin）的《我比別人更認真》（*Talent is Overrated*）和丹尼爾．科伊爾（Daniel Coyle）的《天才密碼》（*The Talent Code*）等等。這個領域至今仍然在不斷進步，隨時都有新的理解和應用。

這套統一的練習方法，就是「刻意練習」（deliberate practice）。首次提出「刻意練習」這個概念的是佛羅里達大學心理學家安德斯·艾瑞克森（Anders Ericsson）❷，此後，不同研究者和作者對「刻意練習」的具體內容有各種解讀。我把我所了解的內容綜合起來，去除一些不重要的，總結成以下四點：

一、只在「學習區」練習。

二、把要訓練的內容分成有針對性的小塊，對每一個小塊進行重複練習。

三、在整個練習過程中，隨時能獲得有效的回饋。

四、練習時注意力必須高度集中。

我將逐一解釋它們的意思。

只在「學習區」練習

科學家們考察花式溜冰運動員的訓練，發現在同樣的練習時間內，普通運動員更喜歡練習自己早已掌握的動作，而頂尖運動員則更勤於練習各種高難度的跳躍動作；普通愛好者打高爾夫球純粹是爲了享受打球的過程，而職業運動員則在各種極端不舒服的位置打不

❷ 艾瑞克森本人與合作者寫過一篇關於刻意練習的通俗文章，〈後天天才製造法〉（The Making of an Expert），《哈佛商業評論》（*Harvard Business Review*）雜誌，二〇〇七。

好打的球。眞正的練習不是爲了完成運動量，**練習的精髓是要持續地做自己做不好的事**。

心理學家把人的知識和技能分爲層層嵌套的三個圓形區域：最內一層是「舒適區」，是我們已經熟練掌握的各種技能；最外一層是「恐慌區」，是我們暫時無法學會的技能；二者中間則是「學習區」，是最適合我們現在學習的技能（如圖1-1）。

比如我們看一本書，如果這本書的內容都是我們熟悉的，完全符合我們已有的觀念，這本書就在我們的舒適區內，但如果這本書的內容與我們原有的觀念不符，而我們思考之後仍然能夠理解、接受，那麼這本書就在我們的學習區內。如果這本書我們根本就理解不了，那麼就是在恐慌區。

圖 1-1

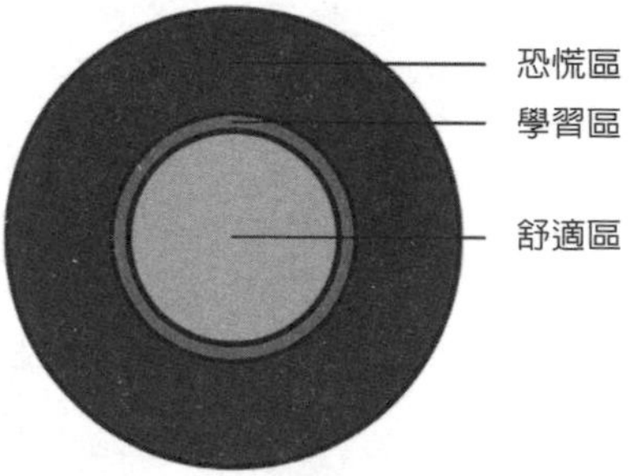

有效的練習任務必須在受訓者的學習區內進行，它具有高度的針對性。訓練者必須隨時了解自己最需要改進的地方。一旦已經學會了某個知識或技能，就不該繼續在上面花時間，應該立即轉入下一個困難點。

在舒適區做事，叫生活；在學習區做事，才叫練習。

持續進步的關鍵就是持續地在「學習區」做事。爲什麼大多數童星長大以後就不行了？這並不是因爲小時候練得太累，把他們練「廢」了，而是因爲早期實在太輝煌，輝煌會把人的思想留住。更重要的原因在於童星們早早就獲得了一個足以取得驕人成績的「舒適區」，這個舒適區裡面的技能是他們揚名立萬的資本，是他們的競爭優勢。沒有人願意放棄自己的優勢項目，這就嚴重阻礙了他們對新技能的學習，並使他們逐漸喪失競爭力。成年人的競爭需要的是新的技能。搞科學研究和參加數學競賽是兩碼事，演中年女人和演小女孩是不同的表演，成人職業足球和青少年業餘足球是兩種踢法！

只在學習區練習，這件事很難。學校裡的教學往往是幾十人按照相同的進度學習知識，這種學習是沒有針對性的。同樣的內容，對某些同學來說是舒適區，根本無須再練，而對某些學生則是恐慌區。科學教學必須因材施教、小班教學，甚至是一對一的傳授。真正的訓練與其說是老師教學生，不如說是師父帶學徒。

所有人都想挑戰自我，但在實際生活中，人們會把主要精力放在一些駕輕就熟的事情上。就算有充分的條件離開舒適區，人們也會不由自主地待在那裡。在年齡愈大的人群中，人和人的思想差別就愈大。任何一個看過美國記者麥克．華勒斯（Mike Wallace）談笑風生的人，都會被這位八、九十歲老人言語中的機鋒所折服，而有些人到了八十歲智力卻退化到了八歲。這就是不斷學習的重要性。

假設有一個人，他無比嚴格地執行「要待在學習區」這個教條，從小到大不停地進步，他會是一種什麼狀態呢？答案是他會變成老虎．伍茲（Tiger Woods）。

伍茲揮桿，動作已經開始了。這時候比賽現場突然有異動，比如有個觀眾大聲喊叫，或者有人突然跑出來，總之這個異動將會干擾伍茲的動作。伍茲會把做到一半的動作硬生生停住，然後調整姿勢，重新開始。普通觀眾看到這個場面也許沒什麼，而會打高爾夫球的人看到之後，用表演藝術家單田芳的話說，就是「無不驚駭」！

當我們把一件事練熟以後，會把這件事「自動化」。比如開車，剛會開車的人需要高度集中注意力，而開熟了的人基本上可以一邊打電話一邊開（實際場景中不建議這樣做）。甚至你問他怎麼開的，他都說不清楚。開車這件事已經進入他的舒適區。普通人打高爾夫球也會產生「自動化」，非常隨意、近乎無意識地揮桿，而揮桿之後就失去了對球桿的控制——如果揮桿的半途有人干擾，他們就會把球打飛，或者根本打不到球。打得愈多，這種「自動化」現象就會愈嚴重。而真正的職業高手，絕對不許自己「自動化」。那麼，他們如何做到不「自動化」？因爲他們沒有舒適區！一旦他們發現自己對這一項技術的掌握已經可以了，就會立即進入下一個更難的項目。他們絕不會在一個已經被自己證明是簡單的項目上繼續訓練，這也有效地避免「自動化」的產生。他們的訓練永遠追求更高的難度。一定程度的「自動化」非常有用，我們不可能每做一個動作都有意識地給每個關節、每塊肌肉安排任務，但是「自動化」到不管不顧地執行，則是錯誤的。

我們經常聽到這樣的民間傳說，有個學生，他對課本的掌握已經到了這個程度——你隨便說一個東西，他都能告訴你在課本的哪一頁。請問這個學生學得怎樣？答案是他已經練「廢」了。一旦你會了，就趕緊進入下一關。把這一關的攻略倒背如流沒有任何意義。

脫離舒適區需要強大的意志力，甚至是一種修煉。巴菲特很早就已經透過股票獲得了巨大的財富，但是他八十多歲仍然在不斷學習新東西，因爲他知道能讓他過去賺錢的知識未必能讓他現在繼續賺錢。不斷更新的知識使得巴菲特敢買中石油和比亞迪這種他原本不熟悉的企業的股票。

對另一些人來說，脫離舒適區本身就是一個很好的生活目的。馬克．祖克柏（Mark Zuckerberg）作爲臉書的創始人和執行長，可能是現在世界上最年輕的富豪之一。他唯一的任務就是把臉書做好，從這個角度看，他目前似乎沒必要不斷挑戰新領域，但是他仍然害怕留在舒適區。祖克柏的做法是每年給自己設定一個新目標。這些目標大多和公司的營運沒什麼關係，純粹是爲了挑戰而挑戰：二〇〇九年是每個工作日繫領帶，二〇一〇年是學習中文，二〇一一年是只吃自己殺死的動物，二〇一二年是重新開始寫程式，二〇一三年是每天認識一個新朋友，二〇一四年是每天寫個表示感謝的便條。二〇一六年是全年跑步三六五英里（近六百公里）並且開發私人AI助手，二〇一七年是走遍並拜訪美國的每一個州，二〇一八年是修復臉書的重要問題，二〇一九年是組織一系列關於科技未來的公開討論，探討其中所包含的機遇、希望和焦慮。

所以，世界上有一幫人，他們一天不進步就難受。

掌握套路

刻意練習的最關鍵部分是基礎訓練。當一個運動員進行「基礎訓練」，或者一個學生學習「基礎知識」的時候，他到底練的是什麼，學的又是什麼呢？是套路。

我們先來做個小實驗。請你在一分鐘內記住下面這十四個字，可以不分先後順序：

山州　吳男　十鉤　不收　帶兒　取關　何五

就算你真能記住，我也敢打賭第二天你就會忘記。可是如果我把這十四個字重新排列組合一下：

男兒何不帶吳鉤　收取關山五十州

你很可能一秒鐘就能記住。因爲你早就知道這句詩！

人所掌握的知識和技能絕非是零散的資訊和隨意的動作，它們大多具有某種「結構」，這些「結構」就是套路。下棋用的定式，程式設計用的固定演算法，這些都是套路。

心理學研究認爲人的工作能力主要依靠兩種記憶力：「短期工作記憶」（short term working memory，有時候也簡單地稱爲「短期記憶」）和「長期工作記憶」（long term working memory）。短期工作記憶有點類似電腦的記憶體，是指人腦在同一時刻能夠處理的事情的個數——一般來說，我們只能同時應付四個東西，多了就不行。短期工作記憶與邏輯推理能力、創造性思維有關，換句話說，和智商非常有關係，它很難透過訓練得到提高。

長期工作記憶儲存了我們的知識和技能。它有點類似於電腦硬碟，但比硬碟高級得多。關鍵在於，長期工作記憶並非是雜亂無章、隨便儲存的，它以神經網路的形式運作，必須透過訓練才能儲存，而且具有高度的結構性。心理學家把這種結構稱爲「塊」（chunks）。比如一場棋局，在普通人眼裡就是一些看似雜亂擺放的棋子，而在職業棋手眼裡，這些棋子卻是幾個一組，分成了很多「塊」，透過識別這些「塊」，職業棋手可以很容易地記住棋局，甚至同時跟多人對弈盲棋。更簡單地說，如果普通人看到的是一個個字母，職業棋手看到的就是單字和段落。

人的技能，取決於這兩種工作記憶。專家做的事情，就是使用有限的短期工作記憶，去調動自己幾乎無限的長期工作記憶。而刻意練習，就是在大腦中建立長期工作記憶的過程。

可以想像，一個只認識字母但不認識單字、更看不懂段落的人，面對一本英文書會是什麼情況。我在小時候曾經非常看不起死記硬背，有一段時間想要學圍棋，總覺得背定式是個笨工夫，高手難道不應該根據場上局面隨機應變嗎？但事實是，隨機應變才是笨辦法。定式和成語典故、數學定理一樣，是人腦思維中的快捷方式。在這種情況下如果他這麼走，我應該怎麼應對，如果他再那麼走，我又應該怎麼應對，這些計算如果每次遇到都現場算是算不完也算不好的，好在前人早就把各種可能性都算明白，而且找到最佳解了。在生活中對人講道理，如果每次遇到類似的道理都重新推演一遍，可能誰都做不到，現在有了成語和寓言，只要一句「唇亡齒寒」或者「酸葡萄」，任何受過最起碼教育的人都能立刻理解你的意思。

兩種套路

對於腦力工作者來說，水準的高低關鍵要看掌握的套路多少。所以，藝術家要采風，棋手要打譜，律師要學案例，政客要讀歷史，科學家要看論文。這些東西都需要記憶力。現在有了書籍和網路，人們已經不再直接追求記憶力了，但是在古代，記憶力幾乎就是一個人最重要的學術能力。至今，非洲的某些部落首領斷案的辦法，仍然是從自己滿腦子的諺語和俗語中找到一句適合當時情形的話，來讓雙方都滿意❸。孔子說：「不學詩，無以言。」一開口就往外冒名句的人在口語時代肯定是特別受尊敬的。據說所羅門王知道三千條諺語。

以量取勝的套路通常是容易掌握的。今天知道個典故，過兩天寫文章用上，並不費什麼工夫。我上大學的時候出於某種今天看來並不可取的心理，希望能提前一年畢業，主動選了很多高年級甚至是研究生的課。這樣我必須在比較短的時間內把某些非物理類課程學完，而事實證明這完全可行，也許人人都能做到。我常用的做法是根本不管老師講課的進度，按自己的節奏直接看書，突擊學習，有時候一下午就能學好幾章。我曾經用大概一週的時間分別學完了半學期的「線性代數」和「機率論」，而且考了滿分。其實如果仔細研究，這些課程裡的關鍵套路非常有限，而且邏輯性很強，只要看懂了，就很容易掌握和使用❹。但是有些套路，比如那些非純腦力勞動的專業技能，想要掌握就沒那麼容易了。很多學理工科的人看不起學音樂的和搞體育的，但事實上，眞正掌握彈琴和競技體育的技巧比學會解微分方程式困難得多，因爲其需要協調調動的肌肉和腦神經元實在太多了。就算你全看到，而且看明白別人用什麼招式了，也不能立即學會。像這樣的技能，想要求「多」非常困難，因爲掌握每個套路都要付出大量的練習時間。

人腦到底是怎麼掌握一個技能的？我聽說過兩個理論❺。一個比較主流的理論說這是神經元的作用。完成一個動作需要激發很多個神經元，如果這個動作被反覆做，那麼這些神

---

❸ 出自尼爾．波茲曼（Neil Postman），《娛樂至死》（*Amusing Ourselves to Death*）一書。

❹ 但是這種學法有重大缺陷，就是一旦不用了就很容易忘記。我不推薦這種學法。

❺ 這兩個理論未必矛盾，但也未必都對，留待日後定論。

經元就會被反覆地一起激發。而神經元有個特點，就是如果經常被一起激發，它們最終就會連在一起❻！因爲每個特定技能需要調動的神經元不同，不同技能在人的大腦中就形成了不同的結構。另有一個理論❼則認爲神經元的連結固然重要，但更重要的則是包裹在神經元伸出去的神經纖維（軸突）之外，一層髓磷脂組成的膜：髓鞘。如果我們把神經元想像成元器件，那麼神經纖維就是連接元器件的導線，而髓鞘則相當於包在導線外面的膠皮。這樣用膠皮把電線包起來防止電脈衝外洩，能夠讓訊號傳輸得更強、更快、更準確。當我們正確地練習時，髓鞘就會愈包愈厚，每多一層都意味著更高的準確度和更快的速度。髓鞘，把小道變成高速公路。

不論是哪種理論，最後我們都可以得出這樣的結論：技能是人腦中的一種硬體結構，是「長」在人腦中的。這意味著如果你能打開大腦，你會發現每個人腦中的神經網路結構都不一樣。技能很不容易獲得，一旦獲得了也很難抹掉。這顯然和電腦完全不同：在電腦上，你可以隨時安裝和卸載一個軟體，讓電腦掌握和忘記某種技能，而人腦卻不可能這麼輕易地複製資訊。另一方面，這也說明「練大腦」比「練身體」更容易取得大成就，因爲大腦神經元連接是可以改變的！你再怎麼練也無法改變自己大腿與小腿的結構，可是你可以讓自己的大腦長出各種複雜多變的「網絡形狀」來。

如此一來，高手與普通人就有了本質的區別。高手擁有長期訓練獲得的特殊神經腦結構，他的一舉一動可能都帶著不一般的氣質，連眼神都與眾不同，簡直是用特殊材料製成的人。練習，是對人體的改造。

用什麼方法才能迅速地讓技能套路「長」在身上呢？關鍵在於兩點：

一、必須進行大量的重複訓練。

二、訓練必須有高度的針對性。

基本功

體育訓練和音樂訓練比較強調「分塊」練習。首先你要把整個動作或者整首曲子練過一遍，然後把它分解為很多小塊，一塊一塊地反覆練習。在這種訓練中一定要慢，只有慢下來才能感知技能的內部結構，注意到自己的錯誤。《天才密碼》一書介紹，美國最好的一所音樂學校裡，一位老師甚至禁止學生把一支曲子連貫地演奏。學生只能跟著她練分塊的小段。她規定如果別人聽出來你拉的是什麼曲子，那就說明你沒有正確地在練習！

你可能會認為這種分塊訓練只適合初學者練基本功，高手就應該專注於完整的比賽，但事實絕非如此。事實上，就連職業運動員的訓練也往往是針對特殊技術動作，而不是比賽本身。一個高水準的美式足球運動員只有一%的訓練時間是用於隊內比賽（一部分原因

---

❻ 引自諾曼．道奇（Norman Doidge）《改變是大腦的天性》（*The Brain That Changes Itself*）。

❼ 引自傑夫．柯文《我比別人更認真》和丹尼爾．科伊爾《天才密碼》兩書。

是怕受傷），其他的時間都是用於各種相關的基礎訓練。把特定動作練好，才能贏得比賽。二〇一一年，姚明擔任中國男籃職業聯賽轉播解說期間，曾經透露過運動員易建聯的一個訓練祕密。那年夏天，人們注意到易建聯有一個「金雞獨立」的跳投動作非常像著名球星德克．諾威斯基（Dirk Nowitzki），而且命中率相當高。這個動作其實是他自己「加練」的結果，這種專門訓練比比賽還重要。姚明說：「阿聯夏天接受針對性極強的專項訓練，是他近兩年迅速提高的關鍵，我們的球員一直在比賽，其實眞正應該做的就是像阿聯這樣進行有針對性的專項訓練。」

如果不重視基本功訓練，在比賽中就會吃虧。二〇一一年東亞男籃錦標賽，中國男籃底氣十足地僅派出兩隊參加，讓青年軍和日韓的正牌國家隊對陣，結果負於日本。中國隊的自信不是平白無故的，中國隊員的天賦很好，身體條件比對手強的不是一點半點。但是代理主教練李楠卻指出，中國隊員的基本功不行，「傳接球等基本技術與日、韓等隊相比都存在差距」。而造成這種局面的原因恰恰是以賽代練！記者梁希儀分析：「這些隊員裡很多人十七、八歲就進一隊打CBA了，每年比賽，主教練根本沒時間再給球員摳基本技術，所以現在就造成了這樣的結果。」

磨刀不誤砍柴工，基本功就是這麼重要。不但體育和音樂需要練基本功，就連那些人們認爲不存在基本功的領域，也要練基本功。

比如寫作。中國傳統的培養方法，一個作家的訓練就是讀小說，評論小說，然後一篇接一篇地寫完整的小說。除此之外大約就是要到各地體驗生活，因爲「工夫在詩外」。問題在於，中國大學的中文系從來沒有成功地培養出一個像樣的作家。面對這種局面，一般人馬上會得出結論——寫作靠的是天賦，作家不是培養出來的。但是美國大學是可以培養作家的，而且還培養了中國作家，比如哈金畢業於波士頓大學文學寫作專業，嚴歌苓畢業於哥倫比亞學院文學寫作系。《三聯生活週刊》曾經採訪過美國翻譯家艾瑞克・亞伯拉罕森（Eric Abrahamsen），亞伯拉罕森曾經翻譯過王小波的作品，對中國作家相當熟悉。採訪中有一段對話值得直接摘錄下來。

三聯生活週刊：你覺得中國當代作家們的寫作水準和英美一流作家相比，有多大的差距？

亞伯拉罕森：我個人感覺在技巧上還存在一些差距，大部分中國作家幾乎從來沒有經過專業的寫作訓練。而在美國，專門的寫作課程非常多，內容也很成熟。我知道很多中國作家對這種寫作班非常不屑，覺得這種課程會帶來一身工匠氣，但這種寫作班至少能夠告訴你，如果你的小說寫到四分之三時崩潰，你該怎麼辦？一個真正的藝術家，是不會被教壞的。

作家應該怎麼培養呢？應該像訓練小提琴手和籃球運動員一樣練基本功。現在已經有很多中國大學開設了「創意寫作」（也就是英文說的「creative writing」）碩士課程，學美式的寫作訓練。這種課程非常強調把寫作也進行「分塊」練習。復旦大學早在二〇〇八年就開始引進創意寫作課，而且還請來了嚴歌苓的老師、哥倫比亞學院文學寫作系的系主任舒茲教授夫婦給研究生上課。中文系教授嚴峰旁聽了舒茲講的課，很有感觸：

第一課，舒茲教學生怎樣「聽」。他讓學生描述一個剛才聽到的聲音，不斷追問下去：那個聲音是什麼顏色？什麼形狀？什麼質感？給人什麼樣的聯想？這是文學嗎？聽著聽著，我突然有點明白了。舒茲教的是文學最物質化、最技術性的層面，就像以前上吉他課時，老師讓我們每天做的手指體操，俗話說的「爬格子」。也像鋼琴課老師讓我們彈「哈農」，極其枯燥單調乏味的手指練習曲。這些本身毫無藝術性可言的練習曲，卻是通向藝術自由的必經之路。

重複！重複！再重複！

想要把一個動作套路，一個技能，哪怕僅僅是一個生活習慣，甚至是一種心態，「長」在大腦之中，唯一的辦法是不斷重複。

我到美國還在讀研究所的時候，有鑑於做物理研究需要經常做報告，導師出錢讓我去學習了一陣子口語。我的口語老師叫安東尼雅．強森（Antonia Johnson），第一次去這個口語班的經歷完全出乎了我的預料。她居然在兩個助手的幫助下，使用看上去很專業的錄音設備，用兩個小時的時間對我進行了一次語音診斷。我被要求使用不同的音調和音量（最後是扯著嗓子持續大喊一個聲音，看看能堅持多少秒），讀了很多完全沒有意義的句子，其中包括一些根本不存在的單字。第二次去的時候她發給我一份診斷報告，所有我讀得不準確的英語發音都被標記了出來，這使得此後的訓練非常具有針對性。在後來的訓練中，我們模擬了各種情境下的對話，包括一般閒聊和正式演講，爲了練習在電話中的發音，我每週得給她打電話。

可惜我未能堅持苦練，以至於到現在英文說得也不怎麼樣。但我要說的最有意思的還不是我的訓練，而是這位老師的故事。作爲一個專門教人說標準英語的老師，她本人居然曾經是一名口吃者！我曾經聽說，口吃其實是一種心理疾病，要想根治必須改變一個人的情緒和處世態度。但強森老師不這麼看，她認爲關鍵在於練習。她透過練習根治了自己的口吃，拿到博士學位以後，又專門幫助別人克服口吃，等到發現外國留學生這個大市場，又把業務徹底轉向了英語發音。好幾年以後，我偶然遇到她，這時候她的口語公司已經做大了，雇了好幾個人，甚至有個專門的工程師負責開發教學軟體。

也就是說，很多通常被認爲是心理疾病的症狀是可以透過練習得到根治的。美劇《宅男行不行》（*The Big Bang Theory*）裡有個印度人拉傑（Raj）有恐女症，他在正常情況下不敢跟任何女生說話，這種症狀其實是存在的。即使是在美國，也有很多人不敢和異性說話，看來這不僅僅是傳統文化的問題。加州有個「害羞診所」，專門幫助那些不敢和異性說話的人克服害羞心理。這個診所的專家不相信心理暗示療法，他們相信練習。怎麼治療恐女症？他們的做法是設計各種不同難度的場合進行對話訓練。最初是在房間內讓學員們對話並進行角色扮演，然後是讓學員直接跑到大街上找陌生美女搭訕或要求與之約會，難度最高的是讓學員有意地在公共場合做出使自己難堪的事情，比如去超市把一個西瓜摔壞。

這種把不常見的高難度事件重複化的辦法也是MBA課程的精髓。在商學院裡，一個學生每週都要面對大量眞實發生過的商業案例，學生們首先自己研究怎麼決策，提出解決方案，最後由老師給出實際的結果並做點評。學習商業決策的最好辦法，不是觀察老闆每個月做兩次決策，而是自己每週做二十次模擬決策。軍事學院的模擬戰——飛行員在電腦上模擬各種罕見的空中險情，乃至邱吉爾對著鏡子練習演講，都是高效、低成本的重複訓練。

如果沒有這種事先的重複訓練，一個人面對不常見的事件時往往會不知所措。統計表明，工作多年的醫生透過讀X光片診斷罕見病症的水準反而不如剛畢業的醫學院學生，因爲他們很少遇到這種病例，而在醫學院學到的東西也早就忘了。最好的辦法其實是定期地讓醫生們拿過去的舊X光片集中訓練，而不是期待在工作中碰到。

高度針對性

請允許我反對「工夫在詩外」。如果你要從事創造性的活動，你得學會借鑑各個不同領域的東西，的確是「工夫在詩外」。但是人們經常濫用這句話，認爲連學習都要講「工夫在詩外」，這就完全錯了。對學習來說，你想要學什麼就應該練什麼，工夫就在工夫上。我們追求的就是把這個技能的特殊神經網路「長」在大腦之中，別的都不必管。

但「工夫在詩外」的影響力實在太大了，人們幾乎一聽說就立即接受這個理論。曾經有個物理學家轉行做了神經學家，他做了個實驗，發現聽十分鐘莫札特音樂可以讓一個人的智商測驗得分提高九分❽。這個發現實在驚人，但又非常符合我們一貫的思維，誰不知道音樂對思考有好處？愛因斯坦不就喜歡拉小提琴嗎？我們沒想到的僅僅是這個效應居然如此厲害！智商提高九分啊！結果論文一發表立即引起轟動，媒體連篇累牘地報導，並且把這個效應正式命名爲「莫札特效應」（Mozart Effect）。

然而事實卻是「莫札特效應」根本不存在。沒人能重複這個實驗，在其他所有實驗中聽音樂對提高智商毫無說明。這些後續的實驗研究因爲缺乏轟動效應，只得到了非常少的媒體報導❾，以至於今天你去圖書館和書店，仍然可以找到大量專門用來提高兒童智商的莫

---

❽ 整個事件見克里斯・查布利斯（Christopher Chabris）和丹尼爾・西蒙斯（Daniel Simons）合著的《為什麼你沒看見大猩猩？》（*The Invisible Gorilla*）一書。

❾ 所以媒體在報導科學發現的時候是有偏見的，仔細想想這個問題。

札特音樂CD。哈佛大學的一項研究更是表明，不但聽莫札特CD沒用，就連專門的音樂培訓對提高詞彙和數理這些必備的智力認知能力都沒用。

一個類似的例子是「小小愛因斯坦」（Baby Einstein）系列多媒體產品。這是一個非常著名的教育品牌，如果在網上搜尋，你會立即找到大量相關的影片和產品資訊，開發者迪士尼公司聲稱看這個影片有助於提高三個月到三歲孩子的認知能力。但是如果你搜尋的是學術論文，你會發現所有研究都指出這些東西根本沒用。當得知這些研究後，家長們竟然在二〇〇九年聯合起來把迪士尼公司告上了法庭，而且迪士尼居然眞的同意爲所有在二〇〇四年到二〇〇九年間買過《小小愛因斯坦》DVD的家庭退款。

聽CD、看DVD沒用，研究表明做那些號稱能訓練大腦的軟體很可能也沒用。打遊戲對人腦的認知能力可能有用，但也有研究認爲沒用。不管是否眞的有用，我們都可以想見就算有用其用處也不大。如果你想學好微積分，最好的辦法是找本微積分習題集做練習，而不是用大腦訓練軟體去試圖先把大腦磨快一點再學微積分，那等於緣木求魚。

另一方面，如果針對性明確，那麼看似無用的訓練也可以很有用。二〇一一年中國男籃職業聯賽中張兆旭的進步明顯，原本身材薄弱、力量欠缺的他突然變強了。據解說嘉賓王仕鵬透露，這其實是張兆旭打拳擊的結果。我們乾脆再一次引用姚明的話，他說：「在NBA，球員練拳擊已經是非常普及的了，這除了可以幫助運動員提高自己的腳步移動速度，同時還可以說明他提供上肢的力量……」

所以訓練必須要有針對性，否則就是浪費時間。必須一切從實戰出發，且有明確的、每次訓練要完成的目標。

想要掌握一項技能，要像運動員一樣，不停地練習實戰動作，而不是不停地看錄影。

隨時獲得回饋

王小波曾經有篇文章叫〈皇帝做習題〉，說像程式設計和解幾何題這樣的事情，與我國古代文人寫文章出理論有本質上的區別，前者做得對不對自己立即就可以知道，後者則不然。做幾何證明題甚至不需要對照標準答案，證明了就是證明了。而電腦程式設計其實是最容易自學的項目之一，寫出來的程式能不能正確運行，電腦立即就可以告訴你。

從刻意練習角度，這就是即時的回饋（immediate feedback）。在有即時回饋的情況下，一個人的進步速度非常快，而且是實實在在的。如果沒有這種回饋，比如說在沒有網路的時代，一個文學青年自己悶在家裡寫小說，投出去的稿子全都石沉大海，想要提高水準就很難了。最大的可能性是他明明寫得很差，卻一心以爲自己是個不得志的文學大師，如同王小波說的，「像孟夫子那樣，養吾浩然正氣，然後覺得自己事事都對」。我們看到現在網路時代這種鬱悶的文學青年愈來愈少了，因爲他們完全可以把小說發在網上接受批評，如果大家都不感興趣，那他就會明白的確不是主流編輯在迫害他，而是自己眞不行。

一定要有回饋

人在很多情況下會高估自己的知識。我們以爲自己知道，其實不知道。如果一個學生把教科書裡的東西看過好多遍，每次都感覺看得很明白，他會自認爲已經掌握了，可是一旦考試就發現自己並沒有眞正理解。其實把一本書看好多遍，只是讓我們對這個東西「熟悉」而已，而熟悉並不等於理解。想要眞正理解，唯一的辦法是考試和測驗。這就是回饋！**沒有測驗，你的知識只是幻覺。**

自己對自己的看法，與別人對自己的看法，很可能會非常不同。「當局者迷，旁觀者清」，我們需要一個旁觀者來指出自己注意不到的錯誤。

現代科研體制中公認的最重要的一條回饋措施，叫作「同儕審查」（peer review）。假如你有個科學發現，也寫好了論文，不管你這個人的名氣有多大，編輯有多麼信任你，他也不可能立即把你的論文發表出來。編輯一定會找到一個或者幾個跟你在同一領域的專家——這些專家的名氣可以不如你——讓他們先私下審查一下你的論文。他們會提出各式各樣的意見，從研究方法有問題到語法有問題等，什麼都管。審稿通常是匿名的，有時候審稿人提的意見實在無理，作者可能會感到非常惱火。

作爲一個科學研究工作者，我既寫論文也給人審稿。我注意到一個非常有意思的現象：哪怕只有一個審稿人，雙方往來只有一次，也能讓一篇論文的品質提高不少。仔細想想這其實有點奇怪，因爲論文投出去之前作者往往已經修改了多次，而且通常是幾個作者合作，每個人都要反覆地看。可就是這樣，審稿人仍然能提出相當嚴格的意見，讓你非得再修改不可。這是爲什麼呢？因爲研究者在做這個項目的時候，他已經被他的想法所吸引，陷在裡面，往往想的是「怎麼把這個項目早日做成？」、「怎麼讓人接受我的想法？」。如果你的一切思維都圍繞著「這麼做是對的」進行，就不會再去從別的角度看這個項目。而審稿人在拿到論文之前對這個項目一無所知，他沒有陷進去，反而能用更客觀的眼光去看問題。

再厲害的科學家，也需要同儕審查，正如世界排名第一的網球運動員也需要教練一樣。回饋者不見得比你的水準高，關鍵是他們不是你，他們可以從你看不到的角度看你。

立即回饋

科學家需要同儕審查的回饋，而培養一個科學家，或者培養任何人才，光有回饋還不行，回饋還要有「即時性」，要讓實踐者立即得到回饋意見。

麥爾坎．葛拉威爾出過一本書，原文書名叫 Blink，中文譯爲《決斷2秒間》。這本書說當面對一個很複雜的問題時，專家往往能夠在一眨眼之間就做出判斷和決定。這個決定的時間非常短，我認爲更合適的譯名應該叫「決斷毫秒間」。他們是怎麼做到的呢？

先說容易理解的技術，那就是透過模式識別，或者說透過尋找關鍵特徵，來做出快速判斷。一件事情給你的資訊也許無比複雜，但其中眞正有用的可能就那麼幾項。專家要做的，就是首先透過大量細緻的資料統計來發現這幾項有用的指標，以後只看這些指標就行了。比如聽一對夫婦交談十五分鐘，專家就能判斷他們在未來十五年內會不會離婚。專家關注的最重要指標不是雙方怎麼爭吵，而是他們是否蔑視對方。吵架不可怕，一旦出現一方蔑視另一方的情況，這婚姻就快完蛋了。另一個更令人震驚的技術是「讀心術」，其透過精確分析人臉部的表情來判斷這個人心裡在想什麼，尤其是他是否在說謊。這個技術隨著前幾年美劇《謊言終結者》（*Lie to Me*）的流行，已經不新鮮了。

但是葛拉威爾還說了另一種快速判斷。這種判斷有點神祕，依賴的是「直覺」，往往是無意識的，他稱之爲「薄片擷取」（thin-slicing）。葛拉威爾認爲在做這種判斷的時候，人體彷彿有一部無意識的超級電腦，在我們意識到之前，就先替我們做好正確的決定，而這部電腦是怎麼工作的，我們不知道。比如一個資深網球教練總能判斷出運動員什麼時候會雙發失誤，但是他也不知道自己是怎麼判斷的。

葛拉威爾的這本書後來受到了很多專家的批評。心理學家認爲這種直覺判斷既不神祕，也不見得就比精心計算的判斷更好。在《快思慢想》（*Thinking, Fast and Slow*）中，丹尼爾·康納曼（Daniel Kahneman）說專家的直覺只在某些特定領域才可能有效。什麼領域呢？必須符合兩條要求：

第一，你研究的東西其所在的環境必須非常規範，以至於這個東西是可以預測的。

第二，透過長時間練習，人可以掌握這些規範。

康納曼說得有點繞口，希思兄弟（Chip Heath & Dan Heath）在另一本書——《零偏見決斷法》（*Decisive*）中對這個問題總結得更好。他們調查了很多本書和相關研究，最後的結論是：直覺，只有在「環境友好」的狀態下才好使。所謂「環境友好」，就是其中有短期的回饋（short-term feedback）。比如預測明天的天氣，第二天你就能知道結果⑩。急診室醫生對危急病人的快速搶救也是如此，能不能救過來馬上就知道。只要有快速回饋，再經過長時間的訓練，你就能培養出專家的直覺，能夠「眨眼判斷」。

可是，如果回饋是中長期的，直覺就不好使了。我們可以再多想想這個問題。也許只有這樣的「環境友好」領域，也就是有快速回饋的領域，才能培養出眞正的專家。

老師的作用

韓愈說：「師者，所以傳道、授業、解惑也。」古代的私塾教育往往讓學員先背書，搞得好多小朋友會背但不會解釋，老師能不能解惑很關鍵。而現在的課本和各種輔導書極其全面，人們完全可以自學，聰明人更有很強的自學能力。那麼，現代老師最大的作用是

---

⑩ 順便說一句，現在的天氣預報系統已經非常完美了。有統計表明，在美國天氣預報說第二天降雨機率是三〇%的日子裡，的確有三〇%的日子是降雨了。考慮到隨機因素，天氣預報是一種準確度非常高的預報。

什麼呢？正是提供即時的回饋。世界上最好的高爾夫球手，最好的西洋棋手，他們的比賽水準肯定超過自己的教練，可爲什麼他們還要請教練？一個重要原因，就是教練能在訓練中以旁觀者的身分提供即時的回饋。

一個動作做得好與不好，最好有教練隨時指出，本人必須能夠隨時了解練習結果。看不到結果的練習等於沒有練習：如果只是應付了事，你不但不會變好，而且會對好壞不再關心。在某種程度上，刻意練習是以錯誤爲中心的練習。練習者必須要對錯誤極度敏感，一旦發現自己錯了就會感到非常不舒服，一直練習到改正爲止。

從訓練的角度，一個眞正的好教練應該是什麼樣子？是應該經常跟隊員私下談心，能做好隊員的思想工作嗎？是能隨時發表激情演說動員隊員的戰鬥熱情嗎？其實是能夠隨時給隊員提供回饋。約翰·伍登（John Wooden）是美國最具傳奇色彩的大學籃球教練，他曾經率領加州大學洛杉磯分校隊在十二年內十次獲得美國大學生籃球聯賽冠軍。爲了獲得伍登的執教祕訣，兩位心理學家曾經全程觀察他的訓練課，甚至記錄下他給球員的每條指令。結果表明，在記錄的二三二六條指令之中，六·九%是表揚，六·六%是不滿，而有七五%是純粹的資訊，也就是做什麼動作和怎麼做。他最常見的辦法是三段論：演示一遍正確動作，表現一遍錯誤動作，再演示一遍正確動作。這樣的訓練就好比練武功，一招一式都需要有人隨時糾正，若不對則馬上改，以避免錯誤動作變成習慣動作。

與外行想像的不同，這位最好的教練從不發表什麼激情演說，甚至不講課，每次說話從不超過二十秒。他只給學員非常具體的即時回饋。他要求給所有訓練都做好無比詳細的計畫，甚至包括教運動員怎麼繫鞋帶。好教練，彷彿有一種詭異的、知道學員在想什麼的能力，即使是第一次見面，也能指出學員在技術上最需要什麼。他們是絕對地因材施教，源源不斷地提供高度具有針對性的具體指導。

這種手把手的教法跟我們現代化的學校教育格格不入。從小學到大學，我們的教育方式無不是老師站在講臺上講，學生坐在下面聽，回饋僅僅出現在課堂提問、批改作業和考試之中。如果是幾百個人一起上課，就連這些有限的回饋也會被忽略。現在，很多大學把自己的課程錄影放在網上，讓世界各地的人隨便下載學習。這當然是非常難得的舉措，但這樣的學習方式缺乏回饋。

學徒制

我認爲眞正的人才不是靠院系、課程、考試大綱的設置培養出來的。培養人才的有效辦法只有一個，那就是學徒制。師父帶著徒弟參與一個實際的項目，徒弟在試錯中提高。不管是科研、工程還是藝術，都是如此。一個教育體制的關鍵不在於往學校裡投入多少錢，而在於其是否提供了足夠多、足夠好的動手機會。

學徒制的歷史比現代教育制度悠久得多，學任何一門手藝都得先當學徒。就算是當代的工人進了工廠，也得先認個師父，學一段時間。白領的工作，也得從實習做起。在文藝復興時期的佛羅倫斯，各種行業都有自己的行會，學徒制度就在行會系統中。有志於藝術的男孩從七歲起就要跟隨一個大師全職當學徒五到十年。學徒們很早就直接參與第一手藝術創作，從打雜開始，到臨摹，再到與大師合作，最後到獨立完成作品。

與古代這種從小就開始當學徒，一旦選定了專業就一邊幹活一邊學的制度相比，現代教育系統把人綁在課堂上聽很多年課的做法其實是非常不科學的。一個好的教育系統應該讓學生幹什麼呢？至少應該做以下這些事情：

一、自己調查研究相關知識。
二、獨立或者與人合作完成專案。
三、到相關企業實習，把知識用上。
四、寫論文。

然而現實情況卻是：一個老師要面對幾十、甚至幾百個學生，學生們根本不可能獲得回饋，他們唯一能得到的回饋就是考試。不但如此，連考試也被進一步簡化，複雜的答題方式被減少，最後剩下的是一大堆選擇題，直接讓電腦給你回饋。大學畢業生工作以後，往往會發現自己以前學的很多知識根本用不上，反而在工作中邊做邊學了一些有用的東西，換句話說，他們這時候才開始了眞正的教育，這個教育還是學徒制。可是我們反過來想，如果讓他從十八歲就開始邊做邊學，難道這些工作就做不了嗎？如果早點實行學徒制，完全可以更快更好地培養人才⓫。

美國的基礎教育受到過很多批評，但美國的研究生制度卻毫無疑問是全球最好的。這個制度正是學徒制。導師的英文是「advisor」，這個詞放在學校以外是顧問的意思，比如總統軍事顧問。導師允許學生有相當的獨立性，你原則上可以選擇自己喜愛的專題，而導師給你提供建議和隨時的回饋。研究生入手的專題不再是爲了訓練，而是一上來直接就是眞正的科學研究，以發表論文爲目的。在這個階段，哪些知識學過、哪些知識沒學過已經變得毫無意義，沒學過就立即去學，總之必須把這個東西做出來。研究生和導師的互動並不總是令人愉快的，有時候導師不太願意給回饋，有些導師可能會給錯誤的回饋，但總體來說，學徒制遠遠超過其他任何制度。中國目前的研究生教育大體效法美國，但面臨好導師太少的問題，往往是一個導師帶十幾個甚至幾十個研究生，這種「師徒比」，學徒是無法獲得足夠回饋的。

我們來看看貝爾實驗室（Nokia Bell Labs）的學徒制景象。這是一個偉大的實驗室，電晶體、雷射、太陽能電池、C語言、Unix作業系統和無線電天文學都誕生在貝爾實驗

⓫ 其實從這個意義上講，現代教育制度與其說是一種培養制度，不如說是一種選拔制度，或者更確切地說是一種淘汰制度。好的工作職位有限，想做這個工作的人卻很多。大學的真正作用是決定誰能進入那個職位。至於到了那個職位怎麼做，那是你到了以後才要關心的事情。

室，而且還有七個諾貝爾獎得主。喬恩·格特納（Jon Gertner）寫了一本書《創意工廠》（*The Idea Factory*），專門介紹貝爾實驗室是怎麼創新的。二〇一二年，這本書的一部分內容在《紐約時報》（*The New York Times*）發表，其中提到了學徒制。以下內容摘自黃小非的翻譯版：

被難題纏身的菜鳥員工，惶恐不安的無名小輩，他們在貝爾都有自己的導師，這些導師可都與那些「寫書人」以及優秀人物一起工作，關係密切。一些貝爾實驗室的新員工往往對此感到震撼，因為他們被告知可以向著名的數學家，例如克勞德·向農（Claude Shannon），或者傳奇物理學家威廉·蕭克利（William Shockley）直接提出自己的疑問。而且，貝爾實驗室的策略是，優秀人物們不允許迴避菜鳥們提出的問題。

刻意練習不好玩

統計表明，在中小學裡，高智商的孩子的成績普遍要更好一些。但聰明最管用的時候是少年時代，在小學裡同一個班的孩子可能智力相差極大，而且這種差異可能呈現在他們的成績上。如果是在大學裡呢？既然這些學生在同一所大學上學，他們的聰明程度想必也不會相差太多。是什麼因素決定了大學生的成績差異？

最初，心理學家猜測是學生投入的學習時間。在二十世紀七〇、八〇年代，至少有六篇論文研究了大學生的學習時間與他們的GPA（Grade Point Average，等第績分平均）關係。我們可以想像，那些以前基礎比較好的學生很可能不用投入太多時間也能做得不錯，而以前基礎不好的學生必然要花更多時間追趕，所以在做這個研究的時候，必須把學生此前的基礎，比如說入學成績，都考慮進去，以免結果被這些因素影響。

這些論文的結論相當一致：兩者基本沒關係。

很多學校號召學生把大量時間投入學習，比如我的母校就號稱學習要學到「不要命」的程度。但事實卻是你無法從一個大學生每週投入學習時間的長短來預測他的期末考成績。假設有兩個大學生，他們的入學成績完全一樣，在同樣的班級上同樣的課，其中一個人每週用三十個小時學習，而另一個人每週學習時間不超過二十個小時。這些論文的研究結果是，前者的成績未必比後者好。

這個結論簡直違反常識。如果這兩人的基礎一樣，難道不應該是更用功的那個成績更好嗎？

關鍵在於，學習時間長不等於用功。一直到二〇〇五年，「刻意練習」概念的提出者安德斯·艾瑞克森領導的小組研究表明，決定性的因素不是學習時間，而是學習環境。研究者對佛羅里達州立大學的學生進行了以下幾個方面的統計，看到底哪些因素與學習成績有關：

一、以往學期的GPA、高中成績、大學入學前的SAT考試成績。
二、上課出勤率。
三、學習計畫。
四、學習環境。
五、課外工作的時間。
六、參加聚會的時間。

很顯然，如果一個人整天參加聚會又不愛上課，他的成績不太可能會好。但愛參加聚會和不愛上課這兩項其實是相關的，它們只是說明這個人怎麼樣，而不能說明這個人的學習能力怎麼樣，而且這個因素已經包含在這個人以往的學習成績之中。如果我們想「預測」一個人在本學期的成績會怎樣，研究人員發現，排除以往成績的話，只有一個因素能預測他成績的變化，這個因素就是學習環境。

成績好的學生必須在一個不受打擾的環境中單獨學習。只有在這種環境下學習的時間才是有效時間。更進一步，哪怕這個學生以前的成績很差，只要在這個學期他能夠在安靜的環境中單獨學習，那麼他的成績將在這個學期獲得提高。多上課和少去聚會，似乎沒有同樣效果。

獲得安靜的環境其實不難做到，一般大學的教室和圖書館都相當安靜，問題在於很多學生學習的時候都戴著耳機聽音樂。我曾經看到美國一個報導說，如今的大學圖書館裡絕大多數學生都在聽音樂，其中的一個學生還跟記者說了一句特別詩意的話，「silence is deafening」（這句話其實不是他發明的），我受不了安靜，安靜太刺耳！其實，這些聽著音樂學習的人應該放下書本，專心聽音樂才對，因爲他們的學習時間長短與考試成績無關。

單獨練習

有個著名的小提琴家說過，如果你是練習手指，你可以練一整天；可是如果你是練習腦子，你每天能練兩個小時就不錯了。高手的練習每次最多一到一．五小時，每天最多四到五小時。沒人受得了更多。女球迷們可能認爲像貝克漢（David Beckham）那樣的球星整天就知道耍酷，她們不知道的是很少有球員能完成貝克漢的訓練強度，因爲太苦了。

刻意練習不好玩。它要求練習者調動大量的身體和精神資源，全力投入。如果你覺得你在享受練習的過程，那你就不是刻意練習。找一本小說邊喝咖啡邊看，在一個空閒的下午打場球，這樣的活動都非常令人愉快，但是做得再多也不會提高技藝。很多人每週都打一場網球或者高爾夫，打了二十五年也沒成爲高手，因爲他們不是在刻意練習，他們是享受打球的樂趣。很多年輕人追求一種散漫的風格，做什麼事情都是一副無所謂的態度，認爲在打打鬧鬧中學習的人很酷，這是非常愚蠢的。能夠特別專注地做一件事才是最酷的。

前面我們說過科學家們曾經非常細緻地調查了一所音樂學院，這就是西柏林音樂學院，這裡培養了眾多實力超群的小提琴高手。研究人員把這裡的所有小提琴學生分爲「好」

（將來主要是做音樂教師）、「更好」和「最好」（將來做演奏家）三組。這三組的學生在很多方面都相同，比如都是從八歲左右開始練習，甚至現在每週參與音樂相關活動（上課、學習、練習）的總體時間也相同，都是五十一個小時。

研究人員發現，所有學生都了解一個道理：真正決定你水準的不是全班一起上的音樂課，而是單獨練習。

第一，最好的兩組學生平均每週花二十四小時的單獨練習，而第三組只有九小時。

第二，他們都認為單獨練習是最困難、也是最不好玩的活動。

第三，最好的兩組學生利用上午的晚些時候和下午的早些時候單獨練習，這時候他們還很清醒；而第三組利用下午的晚些時候單獨練習，這時候他們已經很睏了。

第四，最好的兩個組不僅練得多，而且睡眠也多。他們甚至午睡。

所以我們再次發現所謂「一萬小時」實在是個誤導人的概念。練習時間的長短並不是最重要的，眞正的關鍵是「刻意練習」——哪怕僅僅是「單獨練習」，即使你每天的練習時間跟那些將來要成為演奏家的同學一樣，如果不是單獨練習，你也只能成為音樂教師。

那麼，用什麼因素區分出最好的組和次好的組呢？是學生的歷史練習總時間。到十八歲，最好的組中，每位學生平均練習了七四一〇小時，而次好的組是五三〇一小時，第三組三四二〇小時。次好的組現在和最好的組一樣努力，可是已經晚了。可見要想成為世界級高手，一定要盡早投入訓練，這就是為什麼天才音樂家都是從很小的時候就開始苦練了。換句話說，他們贏在了起跑線。這樣看來，只有建立在刻意練習的基礎上，練習的總時數才有意義。

一幫人聚在一起合練可能很有意思，也相對輕鬆一些。但只有單獨練習才能快速進步。

練習與娛樂

在刻意練習中沒有「寓教於樂」這個概念。我們生活在一個試圖把一切東西都娛樂化的時代，我們希望看個電影就能學到知識。有時候我們也看紀錄片——在這個時代，似乎看紀錄片這個行為本身就已經是值得在社群媒體上炫耀一番的了，我們看紀錄片就是為了學習，這總沒錯吧？

事實是，你看紀錄片也是為了娛樂。蘭迪．歐爾森（Randy Olson）曾經是海洋生物學教授，後來改行去做紀錄片導演。他在《不要當這樣的科學家》（*Don't Be Such a Scientist*）一書中告訴我們，電影根本就不是一個教育工具，哪怕是紀錄片。他舉了一個例子。無脊椎動物一共有三十五種，其中只有幾個是有意思的，比如章魚和魷魚，有的可以在一秒鐘內變換顏色，有的有和人眼一樣複雜的眼睛。而剩下的其他種類就比較單調乏味，像蟲子一樣，沒人感興趣。如果你要拍一個關於無脊椎動物的紀錄片，你應該怎麼拍呢？你必須著重介紹那些有意思的種類，你必須時刻讓觀眾保持興趣。如果你在電影裡畫個無脊椎動物分類圖，再找個老教授詳細介紹每一種無脊椎動物的學術特點，觀眾早就睡著了。可是如果是相關專業的大學課堂教學，學生們就必須學習全部種類，他們還要把每一種類的細節整理成系統化的形式，而且要重複學習。

《舌尖上的中國》是一部非常成功的紀錄片，它之所以成功就是因為它非常符合觀眾的需求。有個理論說，觀眾在看紀錄片的時候疲勞週期只有八分鐘，所以陳曉卿導演需確保任何一個故事都必須在八分鐘內講完。我們看了《舌尖上的中國》，會對中國的飲食文化產生極大的興趣和自豪感，但是誰如果說要從這個片子中學到什麼理論，那就是胡說了。紀錄片對科學的作用並不在於讓觀眾學到什麼知識，而是激發觀眾對科學的興趣。電影和電視是一種很好的激勵手段，但不是好的教育手段。

讀到這裡一定會有人說，很多紀錄片也講了真正的科學知識，甚至有的還提到邏輯性很強的理論，有的還有資料，我怎麼就不能從中學到知識呢？沒錯，你看完任何一個紀錄片後都會有一種獲得知識的感覺，但這種感覺很有可能是錯覺。尼爾．波茲曼在《娛樂至死》這本書裡特別提到這個問題。有人說「當資訊透過戲劇化的形式表現出來時，學習的效果最明顯」。可是波茲曼列舉了各種研究成果，發現這句話純屬扯淡，因為事實證明電視上的資訊很難被記住：「五一%的觀眾在看完一個電視新聞節目幾分鐘後，無法回憶起其中任何一則新聞……普通的電視觀眾只能記住電視劇中二○%的資訊……」

如果你想學點知識，最好的辦法是找本書——最好是正規的教科書或者專業著作——然後老老實實地找個沒有人的地方坐下來反覆閱讀，而且還要自己整理筆記，甚至做習題獲得回饋。如果你堅持不了八分鐘，你就不適合學這個。

練習需要重複，而重複一定不好玩。教育需要全面，而娛樂一定只關注其中好玩的部分。所以娛樂跟學習必然是不相容的，如果你是在娛樂，你就不是在學習。你可以用娛樂的手段號召人去學習，但娛樂本身絕對不是學習。

「寓教於樂」是個現代社會的發明，從來沒有哪位古代哲人認爲應該寓教於樂。波茲曼振聾發聵地寫道：

> 教育哲學家認為獲得知識是一件困難的事情，認為其中必然有各種約束的介入。他們認為學習是要付出代價的，耐力和汗水不可少，個人的興趣要讓位於集體的利益。要想獲得出色的思辨能力對年輕人來說絕非易事，它是異常艱苦卓絕的鬥爭。西塞羅說過，教育的目的本來應該是擺脫現實的奴役，而現在的年輕人正竭力做著相反的努力——為了適應現實而改變自己。

吃苦已經過時了，這個時代的所有人都是幼兒。刻意練習是個科學方法，值得我們把它運用到日常工作中去。但顯然我們平時做的絕大多數事情都不符合刻意練習的特點，這可能就是大多數人都沒能成爲世界級高手的原因。考慮到刻意練習是如此地不好玩，我猜我們也沒必要過分可惜自己沒能成爲天才這個事實。

但是爲什麼仍然有人能堅持刻意練習呢？

誰願意練習一萬小時？

每個神童背後，都有一個能豁出去讓自己的孩子猛練的父親。莫札特、馬友友、郎朗，這些音樂天才的共同特點是他們從小就在父親的監督下學音樂，甚至可以說父親是他們成長中起到最決定性作用的人物。其中鋼琴家郎朗的父親郎國任則做得可能有點過了。他對郎朗的要求如此之嚴，寄予的期望如此之大，甚至發生了因爲誤會郎朗貪玩沒有按時練琴就逼他自殺的事情。

以前中國流行一句話，「不要讓孩子輸在起跑線上」，現在這句話已經被批成了反動言論。人生難道不是一場長跑嗎？你像跑短跑一樣贏了起跑線，後面沒勁了怎麼辦？沒錯，對絕大多數普通人來說的確如此，小時候應該寓教於樂，年輕時代應該充滿陽光地揮霍一下青春，中年以後應該好好享受生活。但是對於某些不想當普通人、一心想要出人頭地的人來說，輸了起跑線就沒有機會參加後面的比賽了。

在前面講到的關於西柏林音樂學院的那個研究中，最好的兩組學生每週都有二十四個小時的單獨練習時間，可見這個時間已經很難再增加了。刻意練習需要學習者的精神高度集中，是一種非常艱苦的練習，人的精力只能做到這麼多。但是最好的一組是爲將來做職業演奏家培養的，而次一組的學生只不過比將來要做鋼琴教師的學生好而已。決定這兩組學生實力差距的，是他們過去的總練習時數。到十八歲，次一組比最好一組少練了兩千多個小時——現在他們一樣努力，可是已經晚了。

音樂如此，體育也是如此，一步趕不上就意味著步步趕不上。的確，很多人因爲用力過猛輸掉了後面的比賽，很多人將會被淘汰，但是也有極少數人能夠一路贏下來。他們不但贏了起跑線，而且接二連三地贏了後面的比賽。世界就是屬於這極少數人的。世界並不需要一千個鋼琴大師或者一萬個足球明星，這些少數的幸運兒已經把所有位置都占滿了。如果你想享受快樂童年，你的位置在觀眾席。

刻意練習不好玩。偉大的成就需要放棄很多很多東西，而這種放棄並不是沒有爭議的。耶魯大學法學院教授蔡美兒在二〇一一年出了本書——《虎媽的戰歌》（*Battle Hymn of the Tiger Mother*），它講述了一個在美國的華裔母親是怎麼嚴格要求自己的孩子的故事。這本書轟動一時，引起了激烈討論。虎媽要求兩個女兒只能練鋼琴或者小提琴，不能玩別的樂器，不能參與任何與學習無關的課外活動，沒有社團，沒有演戲，沒有公益，只能學習。這種做法對自己的孩子人道嗎？對別人的孩子公平嗎？對社會有益嗎？

我不知道虎媽的育兒法是否對整個社會有利，但我相信虎媽一定明白一個道理：如果你想出類拔萃，那麼你要參與的這場競爭很大程度上是個零和賽局——你想贏就意味著有人要輸，你拿到這個位置就意味著有人拿不到這個位置。像這種賽局之於社會有沒有好處，這對你來說不重要，你關心的是怎麼做對自己有好處。這場賽局沒有雙贏，也不是一般人玩得起的遊戲。

孤注一擲

體育、音樂和表演，都是高投入高風險的事情，明星的背後是無數個失敗的墊背。想要成功，就得練習一萬小時，但考慮到機遇因素，即使你練了這一萬小時也未必能成功，這其實是一場賭博。為什麼美國大多數體育明星都是黑人？黑人身體素質好只是一方面，更重要的，是凡有點能耐的白人家庭都不會讓孩子把賭注押在體育上。在阿根廷、巴西、葡萄牙和英國這些傳統足球強國，只有不太富有的家庭的孩子才從小就把踢足球當作此生追求。C・羅納度（Cristiano Ronaldo）小時候家裡地方太小，以至於冰箱得放在屋頂上；英國所有球員都來自工人階層，以至於中產階級孩子就算想踢球都無法融入隊友的「文化」。這些運動員認定體育是他們最好的出路，他們放棄考大學、找工作，過平淡生活的機會，孤注一擲，成不了明星就只能當墊背。他們的賭注是自己全部的前途。像花式滑冰這樣的項目，在沒有舉國體制的國家誠然只有富人才玩得起，那些供子女練這些項目的家庭必須持續不斷地投入鉅資聘請好教練，這又何嘗不是一場賭博？

下這麼大賭注練習，絕對不僅僅是為了博女朋友一笑，與之對等的回報是整個世界的認可。高水準的運動員有一個共同特點：他們非常、非常、非常想贏得比賽。

也許很多人認爲籃球巨星的最重要素質必然是「熱愛籃球」，但在麥可．喬丹（Michael Jordan）傳記《爲萬世英名而戰》（*Playing for Keeps*）一書中，作者大衛．胡柏斯坦（David Halberstam）告訴我們，眞正使喬丹成爲巨星的「素質」，是對失敗的痛恨。爲了贏球，他可以做任何能提高自己技能的事情，而且這種素質是在被踢出校隊以後才在他身上表現出來的。有位教練回憶他第一次看喬丹打球時說：

當時場上的九個球員都在「例行公事」，而有一個孩子卻在全力以赴。看他打得那麼拚命，我以為他的球隊正以一分落後，而比賽還有兩分鐘結束。然後我看了一眼記分牌，現在他的球隊落後二十分，而比賽還剩一分鐘！

喬丹在整個職業生涯中都是所有球員中最想贏球的，他總是有極強的目的性，永遠都想改進自己的技術弱點。他對贏球是如此渴望，以至於他會罵那些不努力的隊友，公牛隊的新秀在第一年時往往都會抱怨受不了喬丹的怒罵。

傳統的中國文人非常不喜歡談論名利，認爲做事業最好是爲了興趣、責任感和集體榮譽，甚至最好把從事某項運動當成修身養性的機會。而我們看到的高水準運動員恰恰不是這樣。他們上場不是爲了跟對方球員交朋友，也不是爲了展現自己的精神面貌，甚至也不是爲了打出賞心悅目的比賽。他們上場是想贏！

中國的獨生子女制度使得一般家庭都把自己的孩子視爲掌上明珠，像郎國任那樣能把兒子豁出去猛練的家長非常少。再加上現在考大學更容易，而且經濟發展很快，把前途賭在足球上顯然不是最理性的選擇，中國的足球人口下降是必然的。缺乏有效競爭，又拿著高薪，中國球員當然沒必要太拚命。不拚命，對於競爭不太激烈的運動來說無所謂，但對像足球這樣國際競技水準極高、競爭無比激烈的運動來說，就意味著出局。

不論是洋將還是外籍教練，對中國隊的一個共同評價是：中國球員缺少強烈的取勝欲望。馬拉度納（Maradona Franco）二〇一二年訪問中國期間曾接受《體壇週報》的採訪，他說：「在我執教和觀看的球隊中，看到過很多優秀球員，但他們和我之間總有一個差別，這個差別非常重要，那就是我比他們更熱愛足球，更想贏得一切。」

你可能覺得這實在太功利了。功利就對了。實際上，如果你想讓你的孩子學習更好，你可以嘗試更功利一些。

獎勵機制

一般人當然用不著孤注一擲地刻意練習，但還是需要一點刺激才能練下去，因爲只要是有用的練習都不好玩。

美國公立學校系統每年在每個學生身上要花費一萬美元以上的辦學費用，但是成效卻相當不好。有些美國的教育問題在中國人看來簡直匪夷所思，比如高中的退學率。二〇〇九年，美國高中畢業生的平均年收入是二七三八〇美元，而高中退學生的平均年收入則只有一九五四〇美元。只要你能拿到高中畢業證，年收入就能提高將近八千美元，這個交易難道還用想嗎？但即使這樣，低收入家庭的學生卻有九%的退學率，在市區的某些地方，退學率竟能高達五〇%。這些學生退學並不是爲了打工賺錢養家，而是受不了聚會、遊戲和毒品的誘惑，他們根本沒心思上學。

經濟學家尤瑞·葛尼奇（Uri Gneezy）和約翰·李斯特（John List），在二〇〇八年得到一筆意外的私人捐款，捐款人希望他們研究一下改善教育的辦法。於是他們就研究了怎麼用花錢的辦法改善教育。他們找了個高中，隨機選擇了四百個高一學生，對他們宣布了以下政策：

第一，給每個學生一個量身定製的成績標準（這個標準並不難達到，比如所有科目成績在C以上），如果學生能達到這個標準，且沒有無故曠課的行爲，那麼他就能每月獲得五十美元的獎勵。

第二，每月舉行一次抽獎，在所有達到標準的學生中隨機抽十人，每人給五百美元的獎金，並在發獎當天用加長悍馬送獲獎者回家。

第三，對於未能達標的學生，研究者會幫他們想辦法，包括打電話提醒。

結果相當不錯，邊緣學生的成績被提高了四〇%。不但如此，實驗組的學生在實驗結束之後，因爲已經養成了更好的學習習慣，到了高二仍然比沒有參與實驗的控制組學生表現得好。研究者估計，大約有四十個原本會輟學的學生會因爲這個實驗而能拿到高中文憑。考慮到他們在未來會因此而增加的收入，這筆錢花得很值得。

葛尼奇和李斯特還測試了別的獎勵辦法，比如在考場上當場宣布如果你這次的成績比以前好，就發給你二十美元。結果實驗組學生的成績立即提高了一〇%——知道有獎金的時候已經在考場上了，所以這肯定不是刻苦學習的結果，而只能是學生們因此在考試中付出了更多努力，要知道孩子們通常缺少做題的意志力。

花錢收買孩子學習！這對中國人來說未必有多麼令人震驚，大概每個家長都用過物質刺激的辦法。我和我弟弟小時候如果考得好，父母至少也會獎勵一頓好吃的，只不過從來沒有這麼赤裸裸地直接發錢而已。羅伊·鮑梅斯特（Roy Baumeister）和約翰·堤爾尼（John Tierney）在《增強你的意志力》（*Willpower*）這本書中認爲，亞裔家庭的孩子之所以意志力更強，跟家長給的獎勵制度很有關係。其他族裔的家長給孩子買東西往往是興之所至，或者過生日的時候買。而亞洲家長往往對孩子有清晰的目標：你必須完成這個目標才能獲得獎勵。比如一個韓國人的兩個女兒如果在超市櫃檯要巧克力，家長就會藉機要求她們在一週內看完一本書，如果能做到這一點，那麼在下次來超市的時候就可以買巧克力了。想要車可以，但不馬上買，必須考進醫學院才給買。

但是這種完全根據成績給獎勵的做法也有問題。哈佛大學經濟學家羅蘭·弗萊爾（Roland Fryer）在二〇〇七年曾做過一個類似的獎勵實驗，他的實驗學生人數高達一萬八千人，總獎金則是六百三十萬美元。羅蘭在四個不同城市測試了四種「發錢」的策略：

第一，在紐約，學生直接根據考試成績拿獎金：四年級學生每次考試最多掙二十五美元，七年級五十美元。

第二，在芝加哥，九年級學生每次考A可以得到五十美元，B為三十五美元，C為二十美元，每年最多不超過兩千美元，但與紐約不同的是，這筆獎金的一半要等到高中畢業以後才能拿到。

第三，在華盛頓，參與實驗的中學生根據日常表現來獲得獎金，比如按時到校上課、不攻擊同學等，表現好的每兩週可以獲得一百美元。

第四，在達拉斯，受試者都是二年級的小學生，如果他們能讀完一本書並且通過關於這本書內容的測驗，就可以獲得二美元，且每年最多只能得到十四美元。

猜猜哪個策略最成功？結果是紐約的實驗完全失敗，跟不享受獎金制度的控制組相比，實驗組的學生成績沒有任何不同。芝加哥的實驗組學生的確為了拿獎金而更多地上課，而且取得了更好的成績，可是他們的最後期末標準化考試成績卻並不比控制組更好。華盛頓實驗組的學生表現更好，他們在期末的標準化考試成績也比控制組好。而表現最好的竟是達拉斯的二年級小學生，他們通通讀過這七本書，在期末的標準化閱讀理解考試中提高了極大的成績。

我們很難對這個實驗做出更多解讀。一個可能的結論似乎是獎勵學習的過程，比只看學習的結果效果更好。研究人員訪問紐約和芝加哥參與實驗的學生時發現，這些學生都很想提高自己的考試成績，但是他們不知道怎麼提高。這個研究似乎再次說明練習方法的重要性⑫。

對這些獎勵辦法的批評是：「要我練」怎麼也比不上「我要練」。但我所見到的與刻意練習有關的理論並不區分「要我練」和「我要練」，你只要按要求練了就行。無論如何，設定一個具體的階段性目標並且按照這個目標努力不失為一個好辦法。有了目標就有了參照物，你就可以自己監督自己，甚至讓別人監督自己。二〇〇九年，攝影師丹・麥克勞夫林（Dan McLaughlin）看過《異數》這本書之後，決心辭職，練習一萬小時，成為職業高爾夫球手。他把自己的練習過程全程公布在網上，這樣任何人就都可以監督他。他認準了「一萬小時」這個死理，每天給自己倒計時，說我現在還剩多少小時。中國年輕作家彭縈也搞一個類似的一萬小時倒數計時，她每年在社群上公布自己的進度總結。

那麼，到底有沒有人，不需要別人「要我練」，而完全是自己「我要練」呢？

當然有，這幫人有基因優勢。

興趣與基因

我們的社會就是這樣，如果一個人說他苦練是為了出人頭地，記者們就會鄙視他；如果他說苦練僅僅是為了興趣，記者們就會仰慕他。但興趣是真的。有的孩子似乎天生就對某一領域感興趣，別人覺得很枯燥的活動，他們樂此不疲。就算明知做這個不能帶來金錢和榮譽，他們還是願意做。他們覺得做這個是他們生活的一部分，甚至這就是他們生活的目的。「感興趣」當然並不一定說明他能做好，就算不感興趣，只要願意練，也能練成。興趣最大的作用是讓人自己願意在這個領域內苦練。

學習一項技能的初期，智商可能是決定性因素。但是隨著學習的深入，興趣的作用可能就愈來愈大了，因爲興趣可以在相當大的程度上決定誰能堅持下來。

國外的標準化考試，經常使用「百分位數」（percentile）來表示一個學生的排名等級。成績愈好百分位數愈高，如果你的百分位數是八九％，則說明有八九％的學生成績不如你。德國的一項研究，找到三千五百個五年級學生，拿到他們的數學成績和智商測試成績，結果一目了然：智商愈高的數學成績愈好。但是這項研究眞正想要知道的，是學生「內在動力」對數學成績的影響，所以研究者對這些學生做了關於學習動力和學習方法的調查，調查的項目包括以下幾項。

一、內在動力：你是否純粹因爲喜歡數學而願意在數學上多花時間？

⓬ 我不太讚賞這個實驗。各個地區選用的受試者都在不同年級，導致設定毫無意義。更科學的辦法顯然是盡量選取相同年級甚至相同地區的學生來測試不同的激勵策略。《一切都是誘因的問題！》（*The Why Axis*）一書中尤瑞．葛尼奇和約翰．李斯特設計的實驗就要合理得多。

二、外部動力：來自家長的壓力，對好成績的追求。

三、學習方法：你靠的是死記硬背，還是深入理解？你是否能把數學知識用於日常生活？

五年後，這些學生升上十年級，研究者再次取得他們的數學成績。結果非常有意思。眞正能決定一個學生進步幅度的不是智商，而是內在動力和學習方法。如果一個學生在五年級時的成績百分位數只有五〇%，但是其內在動力和學習方法卻排在前一〇%，那麼他到十年級的時候成績排名可以前進十三個百分點，達到六三%。智商則沒有這樣的作用。更重要的是，外部動力——純粹爲了贏，或者純粹爲了讓家長滿意——不能長久地提高數學成績。

我們應該怎麼理解這個研究和前面提到的那些用錢收買孩子的研究呢？外部刺激到底有沒有用？我認爲眞相很可能是這樣：外部刺激有短期的作用，但是不可持續。李斯特等人的獎金的確可以讓一個即將退學的高中生堅持完成學業，甚至能讓對方堅持到高中畢業，但這種堅持仍然非常有限。他可以堅持一兩年，但很難堅持五年。你可以把一個邊緣學生勉強拉住，但你很難用錢把他砸成數學家。至於那些玩命苦練的職業運動員，他們固然有極強的取勝欲望，但如果一點興趣都沒有，那也是不可能的。

既然興趣是如此重要，最好的早期教育就應該是先慢慢培養興趣。我曾經聽說，如果你統計那些鋼琴大師的授業恩師，他們當然都是頂尖名師；可是如果你統計這些大師的啓蒙老師，他們人生中的第一位鋼琴老師，你會發現這些老師往往並沒有什麼名氣。這些啓蒙老師並非都是鋼琴高手。但這些老師有個共同的本領：他們非常善於引導孩子對鋼琴的興趣。他們能讓孩子一上手就愛上這個樂器。

如果能建立起興趣，我們希望這個興趣能在練習過程中，隨著練習者能力的提高，練習難度的增大，而愈變愈強。在理想的狀態下，整個過程可以形成正回饋：最初，這個孩子在音樂中有一點超出同伴的興趣，於是他主動練習；因爲練習了，所以不僅僅是他的興趣，他的音樂技能也超出了同伴；於是他的興趣更大了，他進一步猛練；他在比賽中獲獎，於是他把目標定爲成爲頂級高手；在追逐這個目標的時候，他發現音樂眞是個博大精深的東西，愈練愈有興趣。也許很多科學家的成長就符合這個理想模型。

很多爲了奧運金牌、甚至純粹爲了奧運金牌帶來的獎金而練習的運動員最後也能拿到奧運金牌。他們往往功成名就後就退役經商去了，他們的確證明了一件事——對那些競爭不是特別激烈的運動項目來說，有沒有興趣並不重要。但有些頂級的運動員卻達到興趣與事業並進的理想境界，這樣的人物，幾乎可以肯定是「天生的」。

現在我來介紹一下科學家對「基因與興趣」這個問題的最新理解，這部分內容可能會引起激烈爭論，特意放在這一篇的最後。

科學家多年以來最感興趣的一個問題是，到底人的哪些特徵是天生的，哪些特徵是受後天教育和環境影響的？我們可能會以爲凡是天生的，就必然被記錄在這個人的DNA編碼之中，凡是後天的，就必然不在DNA之中。但事情比這個要複雜得多，因爲環境可以影響基因表達，也就是說，即便你的DNA裡有繪畫的天賦，但是如果你沒遇到這個環境，你的天賦也完全表現不出來。更複雜的是，人的任何一個特點都不單是由一個基因決定的，它往往是很多個基因共同作用的結果，而且基因可以和基因互相影響，互相構成各自的環境，這就使我們幾乎不可能單憑查看一個人的DNA來判斷他有什麼天賦。

但是科學家仍然找到了一個非常漂亮的辦法來區分先天基因和後天環境對人的影響，這就是同卵雙胞胎（identical twins）。同卵雙胞胎連長相都一模一樣，我們可以大致認爲他們有完全相同的基因。如果有一對雙胞胎從一出生就被父母遺棄，又被背景完全不同的兩個家庭分別收養，他們在不同的環境中長大卻互不相見，直到成年以後科學家才把他們找到，看看這兩人有什麼相同點和不同點，這樣我們不就知道哪些因素是天生的，哪些是後天養成的了嗎？嚴謹起見，科學家必須能找到很多對這樣的雙胞胎，再把他們跟那些從小在一起長大的同卵雙胞胎對比，使用嚴格的統計方法，才算好的科學研究。好在科學家有足夠多的人力、物力和時間來做這種事情。

這種研究進行了幾十年，科學界的共識是，先天因素遠遠大於後天因素。

首先，任何一種能夠測量的特徵，包括智商、興趣愛好、性格、體育、幽默感，甚至愛不愛打手機，所有這些東西都是天生的。

其次，後天環境對智力和性格的影響非常有限。先天因素是主要的，後天因素是次要的。哪怕家庭環境可以在一定程度上左右一對同卵雙胞胎小時候的行爲，以至於他們可能會有不同的愛好和個性，但等他們長大以後，他們的先天特徵會愈來愈突出，他們會愈來愈「像」！他們在擺脫家庭對他們「眞實自我」的影響。注意，這並不是說家教完全沒用。家教可以左右基因表達，可以鼓勵孩子發揮他天生的特長，也可以壓制他天生的性格缺陷，只不過這個作用是有限的。

最後，一個針對兩歲兒童的研究發現，愈是社會經濟地位高的家庭，基因對孩子的影響愈大；愈是社會經濟地位低的家庭，環境對孩子的影響愈大。這大概完全是因爲貧困家庭的孩子得不到充分發展的環境，他們被環境給壓制了；而富裕家庭的孩子卻可以天高任鳥飛。當然，這個研究說的是兩歲小孩，根據前面的結論，成人以後所有的孩子都有可能發揮自己的能力。

所以，一個人愛好什麼，喜歡做什麼，能死心塌地地在什麼方向上刻意練習，基本上是天生的。

人並不僅僅被動地等著被環境改變，有個理論認爲，自然選擇給了每個人不同的基因，而人可以出去尋找自己的基因所喜歡的環境，也就是那些能給我們「自私的基因」提供最大的生存和複製機會的環境。基因決定喜好，喜好決定我們追求什麼。

達爾文（Charles Darwin）的父親想讓他學醫，達爾文也的確進入醫學院學習了，他報了很多醫學課程，但發現自己就是不喜歡。他更喜歡觀察鳥類，喜歡地質學和自然史。有多少人對昆蟲感興趣？達爾文喜歡採集植物和搜集甲蟲。等到有個遠航考察的機會，他不顧父親反對，立即就去了。他決定聽從自己基因的召喚。

也許興趣就是大師們最大的先天因素。每個人都有天生的不同興趣，區別僅在於有的人足夠幸運，能夠在比較早的時候就找到適合自己興趣的環境，而有的人一輩子也沒找到。找不到，未必是這個人不行，更大的可能性是整個環境都不行。如果達爾文出生在中國，根本就沒有出海遠航的機會，更不用說接觸什麼最新的生物和地質理論，乃至發表自己的學說——他只能去學學「四書五經」應付科舉考試。所以，家庭和社會能爲人才做的最好事情，就是提供能施展各種興趣的環境。

尋找適合自己興趣的環境，把自己的基因發揚光大——這難道不就是進化論告訴我們的人生意義嗎？

第2章 最高學習效率

這一篇我們說一個特別熟悉的規律的新發現。這個發現是如此重要，以至於我認為你應該永遠記住它。我先從三項熟悉的知識說起。

熟悉

第一項知識是「學習區」，這個我們在前文說過。心理學家把我們可能面對的學習內容分成三區：舒適區、學習區和恐慌區。舒適區的內容對你來說太容易，恐慌區的內容太難，刻意練習要求你始終在二者中間一個特別小的學習區裡學習——這裡的難度對你來說恰到好處。

這個理論不可能是錯的。但是因爲現在「跳出舒適區」已經成了一句口號，有些人就產生了反向心理，說我好不容易找到一個舒適區發揮特長，爲什麼要跳出來呢？關鍵在於這裡說的是學習！也許你在舒適區能賺最多錢，但那是另一回事——要想提高技藝，你就只能在學習區。

第二項知識是「心流」。這個概念最早是米哈里·契克森米哈伊（Mihaly Csikszentmihalyi）在《心流》（*Flow*）這本書裡提出來的。契克森米哈伊說，要想在工作中達到心流狀態，這項工作的挑戰和你的技能必須形成平衡。他還專門用一張圖說明這個道理（如圖 2-1）。

圖 2-1

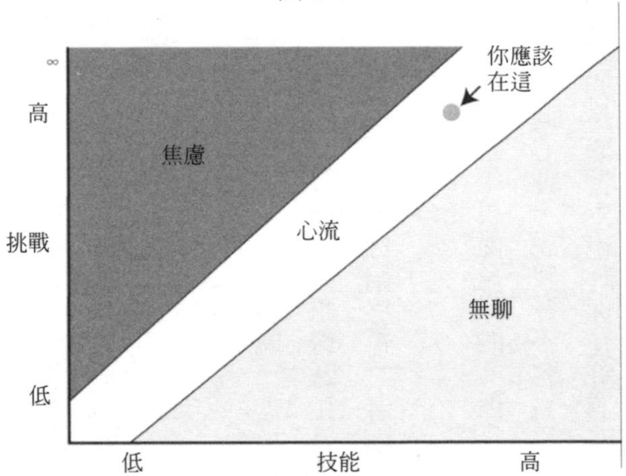

如果工作的挑戰大大低於你的技能，你會覺得這個工作很無聊。如果工作的挑戰大大超出你的技能，你會感到焦慮。而如果難度和技能正好匹配，你一開始並不知道該怎麼做，但調動自己最高水準的技能，再稍微突破一點，你正好能解決這個問題，那就是心流的體驗。這是一個奇妙的感覺，你沉浸在工作之中，忘記了時間的流動，甚至可能忘記自身的存在。

第三項知識是一個公式，叫「喜歡，等於熟悉加上意外」。一個文藝作品要想最大限度地吸引觀眾，必須既提供觀眾熟悉的東西，又製造意外。

你發現了嗎？這三個知識其實是一回事。學習區、心流、喜歡，說的是已知和未知、簡單和困難、熟悉和意外的搭配——從資訊理論的角度來說，它們說的都是「舊資訊」和「新資訊」的配比。

那麼，這個配比應該是多少呢？

意外

以前我們並沒有量化這些理論，只是泛泛地說要加入一定的難度和意外。而我在這篇要討論的這個研究——羅伯．威爾森（Robert Wilson）等人發表的〈最佳學習的八五％規則〉（The Eighty Five Percent Rule for Optimal Learning），恰恰告訴我們一個神奇的答案，說這個問題是有最佳數值解的：這個數值是一五．八七％。

我們知道現在的人工智慧本質上是機器學習。我們建立一個神經網路，用大量的資料訓練它，讓它學會自己做判斷。它的內部有大量參數隨著訓練不斷變化，就相當於人腦在學習中提高技藝。

每一次訓練，都是先讓它對資料做個自己的判斷，然後資料再給它一個回饋。如果它的判斷正確，它就會加深鞏固現有的參數；如果判斷錯了，它就調整參數。這和人腦的學習也很像：只有當你判斷錯誤的時候，才說明這個知識對你是新知識，你才能提高學習的標準。

研究者可以決定用什麼難度的資料去「餵」這個網路。如果資料難度太低，它每次都能猜對，那顯然無法提高判斷水準；如果資料難度太高，它總是猜錯，那它的參數就會變來變去，無所適從。這項研究問的問題是，每次訓練中判斷的錯誤率是多少，才是最優的呢？

研究者首先用了一個比較簡單的數學模型做理論推導，又用了一個AI神經網路學習演算法和一個模擬生物大腦的神經網路模型做模擬實驗，結果得出一個精確解：一五．八七%。

$$ER^* = [1\text{-erf}\ (1/\sqrt{2})\ ] \approx 0.1587$$

也就是說，當你訓練一個東西的時候，你給它的內容應該有大約八五%是它熟悉的，有大約一五%是令它感到意外的。

研究者把這個結論稱為「八五%規則」，我們乾脆把一五．八七%叫作「最佳意外率」。這個數值就是學習的「甜蜜點」。

最快而且最爽

找到最佳意外率有兩個好處。

第一，它讓你的學習速度最快。我們來看看模擬實驗的結果。圖2-2是一張等值曲線圖，說的是判斷出錯率和AI訓練效率的關係。

圖中橫坐標軸代表每次訓練的出錯率——也就是意外率，縱坐標軸代表訓練的次數，圖中顏色深淺代表訓練出來的準確度，顏色愈淺表示準確率愈高。我們看到，〇．一五八七的訓練出錯率那個區域，隨著訓練次數的增長，它的準確度增加速度是最快的。比如出

圖 2-2

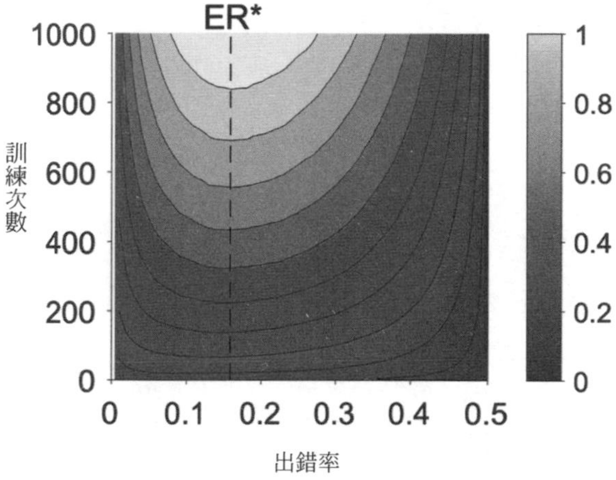

圖 2-3

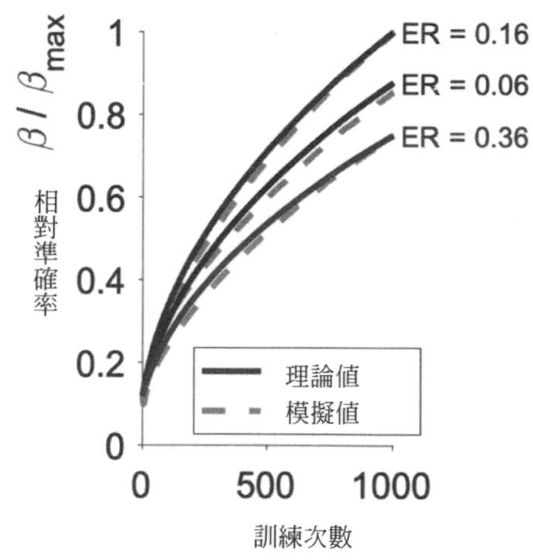

錯率是〇．四，訓練一千次能達到的準確率，大約相當於出錯率是〇．一五八七，訓練三百五十次的水準！

圖2-3中的三條曲線代表三個不同的訓練出錯率，橫坐標軸是訓練的總次數，縱坐標軸是準確度。我們看到，出錯率在〇．一六的那條曲線，準確度增加的速度最快，大大高於另外兩條曲線。

研究者理論推導的結果是，第一，一五．八七%的意外率能讓訓練時間相對於其他數值以指數下降。

第二，它能讓你在學習中感覺最爽。這項研究使用的例子主要是機器學習，但是研究者也考察了在其他領域中的訓練，包括對人的教學實驗和對動物的訓練，大家摸索出來的結果，基本上都是要有大約一五%的新內容。這些研究表明，在這個點上，人們對學習的投入度是最高的。

一五．八七%不但是學習中的最佳訓練出錯率，也是心流率，也是文藝作品最佳意外率。論文中還提到，電子遊戲的設計者也得用這個比率。如果在這個遊戲關卡中玩家一點都不會犯錯，輕鬆過關，那遊戲就太簡單了，玩家會感到無聊。如果讓玩家頻頻犯錯，那麼設置太難，玩家也玩不下去。一五%左右的犯錯率，是最好玩的遊戲。

量化你的學習曲線

但是有部分文章對這個研究有些誤解，《科學人》（*Scientific American*）雜誌上的一個專欄作者從這個研究悟出最好每次考試都考八十五分的道理。如果你考一百分，那這個考試對你來說太簡單了，你應該挑戰更高難度的內容。如果你的分數太低，那你應該降低難度。

但是你肯定不想當一個考八十五分的學生，因爲八十五分不能把你送進好大學。其實我們理解了這個研究之後就會明白，一五．八七%這個比率並不是學習之後再考試的出錯率，而是在學習之前，你要學的這個內容的最佳意外率。這是先測驗、後學習的訓練方法中測驗出來的出錯率。

能讓你判斷錯誤的東西才是你需要學習的東西！這個研究不是說我們對一個知識掌握八五%就行了，我們要關注的恰恰是那一五%事先不會的東西。

所以最科學的安排不是期末考應該得八十五分，而是在每次學習之前，安排學習內容的時候，確保有一五%的新東西。

比如學英語。最理想的一篇課文，應該是其中八五%的內容是你熟悉的，一五%的內容——包括單字和語法——對你來說是新的。

學數學，每個新知識都是建立在舊知識的基礎之上。最好這一講中八五%的內容是你本來就會的，一五%是新技巧。

讀書，最理想的情況是書中八五%的內容讓你有親切感，另外一五%是改造你的世界觀。我們從這項研究中至少可以有三個收穫。

第一，熟悉很重要。

在學習中遇到熟悉的東西，可以鞏固我們的知識，讓我們再次確認以前學的是對的。這並不僅僅是心理上的安慰。人工智慧的神經網路不需要心理安慰，它是冷酷無情的，但是它也需要熟悉的內容。所以「學習區」不是一個感情上的問題，而是大腦認知的問題。新資訊重要，舊資訊也很重要。

第二，在我看來，一五．八七%這個數值是通用的。

研究者的理論推導用的是一個特殊的數學模型，但是他們的數值模擬，包括對其他領域中訓練的考察，結果差不多也都是這個數值。如果我們相信人腦本質上就是一個神經網路，那麼這個研究就具有普遍的意義。我個人認爲這個數值在任何一個領域中都不會太離譜。

第三，這裡有個值得專門強調的精神——你應該時刻追求效率最大化。

知道一個道理有用，和知道這個道理有多麼有用，有本質上的區別。

每個人都知道要想學習好，就應該謙虛謹慎、博採眾長、尊師重道、眼光放長遠、有很大的格局。可是要謙虛到什麼程度才好？格局最大要多大？這些都沒有量化，不好操作。

但是一五．八七%這個最佳意外率是可以操作的。一五%和五%的進步速度有非常明顯的差異。

我們設想有兩個愛學習的人——。A同學對什麼都感興趣，博覽群書，還選修了很多課程。他有時候覺得學得很輕鬆，有時候感到吃力，但他總是那麼用功。A同學熱愛學習，他覺得自己學得很不錯。

但是世界上還可能存在一個B同學。B同學有個教練，給他精心安排每次學習的內容，確保每次一五%的意外率。B同學的學習效率達到了最大化。

雖然這是一個特別理想的狀態，沒有人能確保這樣的高效率。但是根據這篇的理論，假以時日，B同學的學習成就將會遠遠超過A同學。這是多麼可怕的一個事實。

第3章

正確的學習方法，只有一種風格

老一輩的人談起學習來總愛說，「書山有路勤為徑，學海無涯苦作舟」。現在認同這句話的人好像已經很少了，沒人以吃苦耐勞為榮。新一代更願意追求「科學的」學習方法，認為學習這件事應該是快樂的，最好能寓教於樂，讓每個人都能輕鬆愉快地獲得知識。

我聽說美國醫院有個說法——病人有「不疼的權利」，意思是既然病人來醫院了，那不管用什麼方法，先把疼痛給止住再說別的，好比動刀之前得先打麻藥，這是一個充滿現代感的權利。

那學習這件事，學生是不是也有不疼的權利呢？

比如有種教育理念說，既然每個人的性格和喜好不同，就應該根據每個人的喜好量身定製學習方法。用自己最喜歡的方法學習，就好像選髮型、時裝和卡拉OK歌曲的風格一樣，不是很好嗎？

有個流行的學習風格分類模型叫VARK（Visual, Aural, Read/write, Kinesthetic），這個模型把學習風格分成四種，包含視覺、聽覺、讀寫和動手實踐，你可以到它的官網測試自己喜歡的學習風格。如果是視覺型的，你可能喜歡用看圖片的方式學習；聽覺型的人可能更願意聽老師講；讀寫型的人愛用讀書和記筆記的方法；動手實踐型的人最愛做實驗和演示。測試結果是學生們的確有不同的類型，還有的學生是混合型的。

這四種風格就像四個門派一樣，不同類型的學生分屬不同的門派。世界是多元的，每個人都有自己的選擇，這多好啊！

好是好，但問題是，用自己喜歡的風格學習，是不是就能取得更好的學習效果呢？這個問題已經被人研究過很多年，結論是……否定的。二〇一八年五月二十九日，《科學人》網站刊登了一篇研究綜述，介紹了最新的研究結果。

以前關於學習風格的研究主要針對課堂教學，比如如果學生喜歡視覺化的教學，就專門給他視覺化的教育，這種方法已被證明並沒什麼好效果。現在網路教育愈來愈普及，很多時候是學生在家裡自學，課堂教學可能不像以前那麼重要了。那就自學來說，與學生喜好匹配的學習方法有沒有好處呢？

答案……還是沒好處。

這個研究是這樣的。先用VARK模型對學生進行測試，發現每個人的確都有自己喜歡的學習方法，但大部分學生並沒有使用自己喜歡的方法。比如有的學生說自己最喜歡動手實踐，但是他實際的學習過程裡並沒有多少動手實踐。等於是這些人都在用自己不喜歡的方法學習。

但是有差不多三分之一的學生，學習方法跟自己的喜好是匹配的。可以想見他們的學習過程肯定更愉快，那這些學生的學習成績是不是比別人更好呢？並沒有！雖然他們在用自己最喜歡的方法學習，可能很享受學習的過程，但並沒有獲得更好的成效。

看來，「享受」不等於就能學得更好。研究還發現，很多學生都喜歡的那些方法，恰恰對誰都沒好處。比如把單字、公式、各種知識點做成卡片，沒事時拿出來翻看，人們認爲這個方法有利於加強記憶。還有些學生喜歡用外部網站檢索一些相關資訊，按理說這有利於開闊視野。但是研究表明，這些方法的效果並不好。閃示卡只是簡單的重複，外部資訊可能跟你要學的知識點關係沒那麼大——它們不能幫你加深對知識的理解和掌握。

有效的學習方法

那到底什麼方法才是有效的？心理學家幾十年的研究結果表明，眞正有效的方法對每個人都有效——不管你喜不喜歡。方法可以歸結爲：

第一，要在學習時間上安排一定的間隔，不要突擊學習。

這個間隔學習法的原理是人腦的「記憶曲線」。隔一段時間回想前面學過的，然後再學新的，這個方法最有利於記憶。

第二，在不同的場景下，用不同的方式學習同一個內容。

比如同一個知識點，在課堂上看老師演示一遍，這是視覺；回家自己精讀課本，這是讀寫；下一堂課再動手操作一遍……這樣用不同的方法來學習同一個內容，效果很好。而且有些特定的內容適合特定的方法。我特地查了相關的研究，讓學習方法和學習內容相匹配，而不是與學生的喜好相匹配，才是科學的做法。

第三，要經常參加測驗，看看自己是不是真的掌握了相關知識。這其實就是我們常說的刻意練習的「回饋」。不測驗，你就無法知道自己是不是真學會了。

第四，要把新學到的知識和以前的知識建立連結。新舊知識連在一起，熟悉加上意外，知識才算是真正長在了你的大腦之中。這些方法並不神奇。沒有用到什麼高科技，也不需要家長和老師配合、戲劇化地給你演個節目，才能讓你學會一點知識。

但是這些方法不簡單。而像閃示卡，還有工整漂亮的課堂筆記，則是簡單、可操作、的確能證明你在學習，但實際上沒什麼用的方法。

更值得注意的是，這些方法也不好玩。

學習效果好的人，他們的學習方法都是相似的，學習效果不好的人則各有各的學習方法。

孩子需要玩，在玩的過程中能學到寶貴的技能。但學習可不全是玩。特別是高年級學生，如果想掌握一些高段技能，需要刻意練習——刻意練習並不好玩。

刻意練習要求重複訓練。重複的東西不好玩，我們看小說、電影、電視劇，最不喜歡劇情重複。刻意練習時，你一直在遭遇挫折，一直在犯錯誤。你要不停地重複這個過程，直到眞正學會爲止。這是一個艱難的過程。

寓教於樂不是最有效的學習方法。你喜歡愉快的學習過程，但你更喜歡獲得眞知。管用的方法不好玩，只有付出了努力和汗水，有過掙扎和鬥爭，你才能眞正掌握知識。

第4章

提高學習成績的最簡單心法

假設你是孩子正在上中學的老師或家長，在學年剛開始，你讓孩子看了一段二十五分鐘的影片。二十天之後，又讓他看了影片的下集，也是二十五分鐘。僅此而已。結果到學年結束時，孩子的學習成績確實提高了，簡直像魔術一樣。你相信嗎？

心理學研究經常不切實際，但接下來提到的可能是有史以來投入了最大力量、做得最嚴格的一個實驗。

這個實驗所說的理論你可能早就知道，這就是史丹佛大學心理學教授卡蘿・杜維克（Carol Dweck）的「思維模式」理論。這是杜維克的招牌理論，我認爲這個理論將來可以刻在她的墓碑上。

思維模式理論

杜維克的理論認爲，人對智能的思維模式可以分爲兩種。一種是所謂的「成長型思維」

（growth mindset），認爲學習不在於天賦，而在於努力，只要努力用功，什麼都能學會。另一種叫「固定型思維」（fixed mindset），就是特別相信天賦的作用，擅長的東西就是擅長，要是不擅長，怎麼學都沒用。

杜維克證明，成長型思維模式有利於人的成長。而且她還建立了因果關係，也就是說，只要你能向一個孩子灌輸成長型思維模式，就能促進他的成長。

這個理論已經非常成熟了，杜維克很早之前就出了一本書，叫作《心態致勝：全新成功心理學》（*Mindset*）。

前述的這個研究，就是透過給學生看兩段灌輸成長型思維模式的影片，來提高他們的學習成績。

心理學實驗

這個研究可以說是心理學界的一樁盛事。它由二十三位心理學界的領軍人物同時主導，其中包括杜維克，還有以「恆毅力」（grit）概念聞名的安琪拉．達克沃斯（Angela Duckworth）等人。

研究者從美國的六十五所中學裡選了一萬兩千五百四十二名九年級學生，把他們隨機分成兩組。一組叫實驗組，就像開頭說的那樣，實驗組看了關於成長型思維模式的兩段影片，影片告訴他們人的智能不是固定的，只要你願意學習就可以變得更聰明。另一組叫控制組，也看了兩段影片，但他們看的是一般介紹大腦的影片，並沒有涉及成長型思維模式。

這個實驗非常嚴格，就像醫學界測試新藥一樣。研究者請了獨立的協力廠商來監督和管理整個實驗，實驗被設計成「三盲」實驗——參加實驗的學生、老師和最後分析實驗資料的三組人，都不知道自己被分到了哪個組，也不知道實驗的目的是什麼。

實驗結果是，學期結束時，實驗組的平均GPA比控制組高出了〇．〇三分。這個差距其實很小，在美國的GPA系統中，A等於四分，一般學生拿三分左右的話，〇．〇三分相當於成績提高了一%而已。

這個效應當然很微弱，但考慮到這是一項針對一萬多人進行的實驗，它就是一個顯著的效應了。研究者只是讓學生看了兩段影片而已，這等於是不費吹灰之力就把成績提高了一%。對應到大考，這就相當於是七百分和七百零七分的差別。

而且實驗對學習困難的學生影響更大，他們的GPA提高了〇．〇八分。實驗組期末考試成績得D和F的機率還降低了三%。另外，有些學生在看了影片之後，更願意選擇有挑戰性的課程。

研究者認為這個看影片的方法實在太簡便易行了，幾乎不花一分錢就能提高學習成績，應該全面推廣。不過在我看來意義不大。我認為實驗最大的意義，在於再次證明了「成長型思維模式」對人的干預確實是有效的。

思維模式在現實中的展現

有研究說，如果你系統性地把學生的思維模式固定化，他們的整個學業都會發生顯著變化。

中國的教育系統預設每個孩子都有可能上大學，一直到高中，大部分人都是朝大學奔去的，無非是最後能不能考上的問題。而有些國家則是很早就把學生強行分流。比如波蘭，學生到了一定年級之後，如果相關機構判斷他不是上大學的料，將來應該當個藍領工人，他就會被送到職業學校去。

設想一下，那些被判定爲「不是學習的料」的孩子，他們會是什麼心態？等於是被強行設定了「固定型思維模式」。結果他們的學習成績果然直線下降。有研究者認爲，美國基礎教育之所以搞不好，也和很多家長一開始就不打算讓孩子上大學有關。

思維模式還會影響人們對工作中各種挑戰的態度。擁有固定型思維模式的人在面對任務時，會認爲這是對他個人能力的一種測試。比如讓他考試，他會認爲考試是證明他行還是不行，而非常擔心萬一搞砸，別人會質疑他的能力。因此容易把任務當成威脅。

而擁有成長型思維模式的人，會把任務當成一個學習的機會。他並不是透過任務來證明什麼，而是透過任務來提高自己。他把任務當成機會，結果他的表現會好得多。

而且思維模式是可以被外界影響的。有個著名的例子，有一年，普林斯頓大學給剛入學的大一新生增加了一項考試。普林斯頓大學是美國最好的大學之一，這些學生好不容易進來，可以說是頂尖的幸運兒，但沒想到學校居然又加了個考試。

其實這次考試的眞實目的是做個心理學實驗。學校對一半的學生說，考試是爲了確認你們是否眞的夠資格上普林斯頓大學；但對另一半學生說的是，你能上普林斯頓大學已經很厲害了，但我們還要看看你到底有多厲害，這些題比較難，看你能做到什麼程度。

結果，第一組學生只答對了七〇%的題，而第二組學生答對了九〇%的題。僅僅是考試前對心態的簡單影響，就有這麼大的作用。

所以思維模式確實很神奇。一個有意思的問題是，明明有大量的研究證明，人的智商是很難提高的，那爲什麼相信成長型思維模式就眞的能讓人表現更好呢？我的理解是，智商確實很難提高，但學習成績和人生的成就是可以提高的。人的表現畢竟不僅僅是由智商決定的，努力也很重要。

想想，一個成績一般的學生，因爲偶然看了兩段影片，得知人的智能是可以成長的……便在心裡埋下了成長型思維模式的種子。他從此奮發，取得了顯著的進步。

埋下成長型思維模式的種子

我看了研究報導，第一時間跟我的兒子進行了一番對話。我問他，你說聰明的人是天生聰明，還是學習之後變聰明？我兒子馬上說是學習之後變聰明。他說：「李白不就是聽了『鐵杵磨成針』的故事才開始努力學習的嗎？」我一聽，還行啊！

我還特地考證了一下。李白「鐵杵磨成針」的故事出自宋朝祝穆的一本書，原文一開頭就說「世傳李太白讀書山中……」，這個故事很可能只是傳說。古代就算技術落後，也不至於拿那麼粗的鐵杵磨針，而且李白被公認是天才。我怕這個故事的真相顛覆了兒子的價值觀，所以得對他保密。

杜維克有個特別簡單、但肯定更有效的灌輸成長型思維模式的方法——雖然比看影片麻煩一點。

假設你的小孩完成了一項任務，比如考試考得不錯，或者作業寫得好，這時你就要給他一個口頭表揚。這個表揚方式非常關鍵，你要字斟句酌。

如果你表揚孩子聰明——「這題你都會做？我兒子太聰明了！」他就會陷入固定型思維模式之中。他會把以後每一項任務都當成證明自己聰明的測試，他會非常害怕被證明不聰明，他會盡量選擇簡單的任務。

所以你一定要表揚他努力——「不錯啊！這次做得很好，看來你下了很大工夫。下次繼續，只要你努力，什麼事都能做成！」

杜維克的研究表明，這麼說，你才能在他心中埋下成長型思維模式的種子。他會把每一項任務都當作成長的機會，會願意花更長的時間鑽研難題，會主動選擇困難的任務。

第5章 忘記，是為了更好地記住

班尼迪克・凱瑞（Benedict Carey）在《最強大腦學習法》（*How We Learn*）這本書中講了一個有關記憶力的原理。

一百多年前，倫敦有個叫菲力普・巴拉德（Philip Ballard）的英語老師，拿自己班的學生做了一個實驗。他讓學生閱讀一首詩，並且要求盡量把詩背下來。學完休息五分鐘，馬上進行默寫測試，結果學生的成績都一般。巴拉德老師沒有要求學生繼續學習這首詩，學生們以爲這件事就算過去了。

兩天後，巴拉德突然要求學生再次默寫那首詩。在這期間學生們都沒有進行任何複習，所以我們設想，這一次的測試成績應該更差。

結果恰恰相反，成績反而平均提高了一〇%。

根據人們熟知的「記憶曲線」——或者叫「遺忘曲線」更合適——的原理，人對事物的記憶應該隨時間不斷減弱，而且最初幾天遺忘的速度還特別快，怎麼可能加強了呢？

我們知道心理學實驗經常不可靠，現在很多研究結果都禁不起「重複實驗」的危機。

這個實驗聽起來也是如此。後來有好幾個人用別的實驗證明巴拉德這個所謂的「記憶增強」效應根本不存在，可是偶爾又有人說他再次實驗出來了。這件事反反覆覆，困擾了心理學家好幾十年。

一直到十九世紀八〇年代，人們才算理出一點頭緒。原來關鍵在於記憶的東西是什麼。一般研究記憶力的心理學家都是讓人記若干組沒有規律的字母組合，在這種情況下，記憶的衰減的確符合遺忘曲線，巴拉德效應不存在。但巴拉德實驗用的不是隨機字母組合，而是一首詩——詩歌的詞句彼此之間有聯繫，放在一起是有意義的，在這種情況下做實驗，巴拉德效應的確存在。

那麼，這背後的原理是什麼呢？

記憶的兩種強度

加州大學洛杉磯分校的一對教授夫妻，羅伯特．布約克（Robert Bjork）和伊莉莎白．布約克（Elizabeth Bjork）據此提出了一個非常漂亮的記憶力理論模型。我眞是特別喜歡這個理論——它能完美解釋各種關於記憶和遺忘的現象，它能爲我們的學習提供指導，它非常簡單又非常反常識，你聽一遍就永遠都忘不掉。

記憶到底是怎麼回事？我們一般人心目中的記憶，大概就如同寫在沙灘上的字，隨著時間就會慢慢模糊掉……而這個比喻是錯的。

布約克夫婦的理論說，人的記憶其實有兩個強度：儲存強度（storage strength）和提取強度（retrieval strength）。

儲存強度不會隨時間減弱。我們每時每刻都在接收大量的資訊，而其中的絕大部分都被大腦自動忽略了——這些被忽略的不算。那些剩下來的，你主動希望記住的東西——比如一個人名、一個電話號碼、一個英語單字——一旦進入記憶，就永遠在那裡了。下次再見到它，它在你大腦裡的儲存強度會增強，但是哪怕你再也不見它了，它的儲存強度也不會減弱。儲存強度只增不減。

那麼，爲什麼我們會忘記一些東西呢？那是提取強度出了問題。如果沒有複習，提取強度就隨著時間慢慢減弱。

這其實很容易理解。比如現在讓你回憶二十年前同學的容貌和神態，你肯定想不起來什麼，但是如果你和當年的同學突然見面，一聊天，當初種種就一下全回來了。記憶一直都存在那裡，只是不好提取了。

表5-1可以更清楚地說明這兩個強度。

心理學家說，提取強度愈用愈高。每一次提取記憶，提取強度都會增加；而因爲這個記憶在你腦子裡又過了一遍，所以儲存強度也增加了。

這也是爲什麼會有巴拉德效應。學生們第一次測試的時候，他們要提取剛剛得到的記

表 5-1

例子	儲存強度	提取強度
父母	高	高
多年不見的小學老師	高	低
新認識的鄰居	低	高
幾年前只有過一面之交的人	低	低

憶，這個提取動作把那個記憶給加強了。這樣學生們雖然此後兩天沒有複習，但他們等於已經在課堂上複習了。兩天後再測試，上次就已經背寫出來的詩句，這次寫出就毫不費力，所以他們就有時間去想上次沒寫出來的詩句。而因為詩句之間都是有關聯的，他們也許就能聯想填空，這次多寫出幾句。

如此說來，考試就是最好的複習。我看有的人背單字其實是念單字，拿本單字書從頭到尾反覆念。這種效率很低，因為沒有提取動作！複習的時候你應該先考自己這個單字是什麼意思，實在想不起來，再去看答案。

而最重要的是：提取的時候愈困難，這個提取動作對兩個強度的增加值就愈大。

利用「遺忘」過濾資訊

既然如此，最有效率的學習方法就不是天天複習，而是故意把它放在那裡等幾天，等到提取強度慢慢變弱了，我們已經有點「忘記」了，再進行一次測試式的複習。如此一來，你不但用最少的時間學習，而且還能透過「遺忘」過濾掉一些不必要的資訊。

以背單字爲例，我們第一次複習可能是在一天之後；第二次的間隔就要拉長，比如再等一週；然後是一個月之後；再來，是幾個月甚至更長時間。

具體應該怎麼間隔最有效，甚至早就有人研發了軟體用專門演算法設定回憶間隔。比如一個叫「Fresh Memory」的軟體。

而有實驗證明，哪怕第一次複習是在兩個月之後，你感覺什麼都不記得了，其實還是能找到一點印象，這種學法還是有效的。所以要想記住，最好先忘了。

我上大學的時候，一度覺得一本書學一個學期實在效率太低了。實際上我用突擊的方法學完了好多課程——拿本教材直接讀，讀完一章做做習題，然後就讀下一章，其實總共用不了多少時間，而且考試成績都挺好。

後來我才發現，這種學法其實是不對的。學得快，忘得也快。應付考試很方便，將來再用到，還得重新找書來看。因爲學得太快，這個知識沒有更徹底地長在大腦之中——畢竟大腦不是硬碟，是肉長的，而長肉需要時間。用這本書的話說，就是儲存強度不夠高。

從這個角度講，慢慢學才是好辦法。這週學了一點就放下，下週接著學。先提取一下前面的記憶，這樣多次提取，記憶就加深了許多。交叉著在同一時期內學習幾門課程，比學完一門再學另一門的效果好得多。

讀書也是這樣。我們應該隨時都有好幾本書在讀。今天拿一本書讀上一章就放下，明天換另一本書讀，過幾天再回到這本書接著讀。每次讀的時候都要先提取上一回的記憶，最後能記住的東西是最多的。

我們過去說，工作最強調專注，每次最好只做一件事，一個團隊最好先徹底做完一個項目再去做別的項目。這是因爲不同事情或不同項目之間的轉換成本太高。然而如果是想要記住什麼東西的話，一定程度的多工——當然也不是說每隔幾分鐘就切換一次——反而是好事，因爲轉換就要提取，而提取能增加記憶。

第6章 反脆弱式學習養生法

古龍小說《天涯・明月・刀》裡有個人叫杜雷。他每天都一定在同樣的時候起居飲食，比如說中午同樣的時間到會賓樓，然後點同樣的四樣菜和兩碗飯，一壺酒，吃完在同樣的時間離開。

沒人喜歡這麼吃飯。杜雷自己早就吃得要發瘋，卻還是不肯改變。因爲他希望別人都認爲他是個準確而有效率的人，人們會敬畏這樣的人。事實上別人對此的確買帳，連傅紅雪第一次聽說杜雷的吃飯風格，都意識到自己遇見了一個極可怕的對手！

你覺得杜雷厲害嗎？我看他就是個笑話。我們憑直覺就知道，像這樣以循規蹈矩爲榮的角色不太可能是英雄小說的主人公——所謂英雄，就應該專門打破常規，做些一般人連想都不敢想的事。

換句話說，杜雷刻意避免不確定性，英雄人物應該主動擁抱不確定性。

注意，我說的不是「不怕不確定性」，而是要「主動擁抱」不確定性。因爲一定程度上的不確定性，即使對普通人來說，都是特別有好處的。

擁抱不確定性

我在前文說過，在班尼迪克．凱瑞的《最強大腦學習法》這本書中，有個有意思的實驗。受試者被要求學習打網球，特別是要學A、B、C三種不同的發球方法。

實驗人員把全體受試者分成三組：

第一組先練二十遍A方法，再練二十遍B方法，再練二十遍C方法；第二組按照「A→B→C→」這樣固定的次序練習，也是練習二十遍；第三組隨機練習，沒有規律，不知道用一個方法練完一個之後要練哪一個，但是連續練一個發球方法不超過兩次，最後總數也是每種總共練習了二十次。

然後進行考試。但考試被故意設計得跟練習不一樣——練習發球時都是在場地的左側，而考發球的時候卻是在場地的右側，研究者想看看哪組的人更善於應對這個新情況。結果，「享受」了隨機性的第三組的平均成績是十八分，輪換著練習的第二組是十四分，而連續按同一個動作猛練的第一組只得了十二分。

從上一篇的內容，我們可以知道，第一組的訓練效果之所以差，是因爲人腦的記憶原理，是「提取記憶」這個動作能夠加強原有的記憶。所以有點間隔，暫時「忘記」一下，過不久再「回憶」一下，是效率最高的學習方式。

書中還講了另一個類似的實驗，讓學生學習識別不同畫家的繪畫風格。實驗人員選定幾位並不爲人熟悉的畫家，每位畫家到底是什麼風格，可能連實驗人員自己也說不清。

實驗還是先讓受試學生練習。選定每個作家的六幅畫作，在電腦螢幕上連續播放，畫作下面是畫家的名字。受試學生被分爲兩組：第一組學生分批看不同畫家的畫——先看六張某位畫家的，再換六張另一位畫家的，以此類推；第二組學生隨機混合著看——這一張是某位畫家的，下一張是別人的，不斷地換。

你可能會認爲，繪畫風格是個缺乏有效定義的東西，最好把一個畫家的畫放在一起連續欣賞，才更有助於抓住本質。但是練習之後，拿這些畫家其他的、學生們練習的時候沒看過的畫作，讓學生判斷哪幅畫是誰畫的。結果第一組的判斷準確率只有五〇%，而第二組是六五%。隨機排序再次戰勝有規律訓練。

由此可見，我們可以把這個道理推廣到很多地方。比如說讓小孩學寫字時不要一個字寫十遍，最好幾個字穿插著寫。再比如做數學題不要同一個題型反覆練，最好混合起來練習每次都不一樣的解題策略等等。

但我還想把隨機性的好處往前再推一步。

主動挑戰

《最強大腦學習法》這本書提到，不但學習內容應該隨機安排，學習的地點、學習時的環境，最好也能隨機化。也就是說這堂課你在課桌上坐著學，下堂課最好在游泳池裡泡著學，然後再下堂課可以考慮在床上躺著學……這種多樣性的環境能對大腦產生各種刺激，特別有助於加深記憶。

這就無法用「忘記，是爲了更好的記住」的原理解釋了。我覺得倒是可以使用一個更廣泛的原理——人體喜歡折騰。這就不能不提我特別喜歡的作家和我特別喜歡的一本書，納西姆·尼可拉斯·塔雷伯（Nassim Nicholas Taleb）的《反脆弱》（*Antifragile*）。

所謂「脆弱」，是怕折騰。所謂「穩健」（robust），是不怕折騰。所謂「反脆弱」，是怕不折騰——愈折騰我就愈強大，我喜歡折騰。

在一定的範圍內，人體就是反脆弱的。這其實是一種進化帶來的本能。我們周圍環境隨時可能變化，所以人的身體中其實有一些冗餘度，也可以說是人的潛能，平時不用，一旦遇到險惡環境就能發揮作用。

平時養尊處優，偶爾飢寒交迫一次，體內的冗餘就會發生作用。比如儲備了多時的脂肪這時候就能燃燒掉一些。人體作爲一個有機體，你給某部分一點小刺激、小壓力，只要有足夠的緩衝時間，它都能夠恢復過來，並且變得更強。

這正是健身的意義所在。故意進行些高強度的活動挑戰身體極限，就能讓身體慢慢升高極限，愈練愈強。

根據反脆弱的原理，日復一日採用同樣的健身套路就是不好的。因爲人體能快速適應新局面，一旦身體已經適應了這個套路和強度，就沒有什麼新的潛力可挖了。這也是爲什麼健身減肥都是初期效果最好，可是很快就會到達一個不再進步的停滯期。

所以應該不斷變換花樣。這個項目進入停滯期，那就趕緊換個項目讓身體繼續進步。學習的道理也是一樣：學習最好時刻讓自己保持在「學習區」，而不要停留在「舒適區」。

所以不論你是學習知識還是健身養生，主動擁抱不確定性，時時刻刻挑戰自我去應對新局面，才是符合「天擇」——也就是進化論——的做法。

從學習和創新的角度，主動增加一些不確定性，比如讀幾本自己領域之外的書，了解一個和自己無關的業務，還容易帶來驚喜。從做事的角度，不確定性可以幫我們發現自己的問題，比如隨機的輸入可能會暴露一個意想不到的軟體漏洞（bug），使我們找到平常想不到的解決方案。

所以當初我看電視劇《走向共和》，慈禧跟李鴻章說她每天散步，要走正好九百九十九步，還要李蓮英在旁邊給數著……我簡直笑掉大牙！這哪是健身？塔雷伯也有一套健身方法：

第一，搬舉特別重的重物，給骨頭壓力。

第二，如果去健身房，就不斷變換花樣，各種項目都練練。不過最簡單的辦法就是在散步過程中穿插拚命的短跑，就好像你要追殺什麼人或者被人追殺那樣。

第三，時不時餓上一頓，甚至專門追求在飢餓狀態下練習。

塔雷伯現在的年齡和當初的慈禧也差不多，你認爲哪種健身方式效果好？

最後再來說說杜雷。像杜雷這樣每天固定時間出現在固定地點，歷史上有一位名人，那就是哲學家康德（Immanuel Kant）。據說康德每天都是在同一時間步行前往大學，路邊村婦都能拿他當錶用。如果杜雷不值一提，那麼康德可是特別了不起的人物，這又怎麼解釋呢？

答案是你不可能在生活的所有方面追求不確定性。你愈是要在某一方面冒險，就愈是應該確保其他方面穩定。具體來說，就是企業家可以冒險，而政府政策和法律規則應該力求穩定，否則什麼都混亂也不行。你要出去冒險，至少先把自己家裡安排好。

我推測，康德每天固定時間出行，跟祖克柏只穿同一款式的T恤一樣——要想的大事太多，就沒時間決定這些小事了，乾脆就每天都一樣吧。

PART2

學廣第二

第7章

自由技藝

這一篇我們說一個特別重大的題目——「Liberal Arts」。這個詞語的字面意思是「自由藝術」，但它說的並不是我們通常理解的「藝術」。這個詞在中文世界並沒有取得一個共識的譯法，它經常被翻譯成「通識教育」、「素質教育」、「人文教育」、「博雅教育」等等。可是在我看來，所有這些「教育」都把它矮化了。

「Liberal Arts」，不是爲了訓練一個能歌善舞的漂亮小孩，不是爲了薰陶一個多愁善感的文藝青年，也不是爲了武裝一個中年危機的憂鬱大叔。

「Liberal Arts」，是最正統的西學，其地位在工程、醫學等一切應用學科之上，它原本是一種最高級的學問——統治者的學問。

我打算結合兩本書，來說說在西方學者眼中的「Liberal Arts」到底是什麼。

一本是個有聲書，叫作《如何思考：Liberal Arts 的前世今生》（*How to Think: The Liberal Arts and Their Enduring*），這是惠頓學院教授邁克爾・D・C・德魯特（Michael D. C. Drout）二〇一三年的一個系列講座。

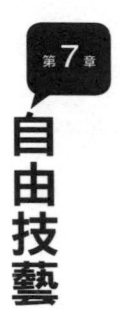

一本是二〇一五年出版的《優秀的綿羊》（*Excellent Sheep*），作者是前耶魯大學教授威廉・德雷西維茲（William Deresiewicz）。這本書的前半部分內容，我已經寫過書評，題爲〈精緻的利己主義者和常春藤的綿羊〉。

以我之見，「Liberal Arts」的合理翻譯應該是「自由技藝」——Arts，不是「藝術」的藝，是文藝武藝的藝，是技藝的藝。

統治者七藝

自由技藝原本是古羅馬時代的一套課程，被認爲是「自由的人」應該掌握的一套學問。「自由」這個詞，對今天的人來說有點無感，因爲所有人都是自由的。而對古羅馬人來說，「自由」的意思非常明確——那就是說你不是一個奴隸。

你不是奴隸，有權直接參與社會事務和公共政治，而且還要管理奴隸。這才叫自由。

自由技藝的課程項目在歷史上有個演變的過程，到了中世紀，被確定爲七個項目。中國春秋時代的貴族大約也有類似的項目，比如孔子說的「六藝」。那麼我們也可以把西方自由技藝的這七個項目，稱爲「七藝」。

這七藝中，前三項被當時的學生認爲是比較簡單的項目，叫 Trivium（現代英文「trivial」這個詞，就來自這裡），後四項則叫作 Quadrivium。而這七項技藝，其實都蘊含著統治者的統治之道。它們分別是：

一、文法：其實就是拉丁文。拉丁文在古代歐洲是各國通用的上層語言，而英語、德語都只能算是方言。掌握拉丁文，你才能參與國際交流，就好比現代人應該學普通話和英語一樣。

二、邏輯：掌握邏輯，你讀東西才能讀懂。

三、修辭：學修辭的最主要目的是爲了說服別人，施加自己的影響力。

四、算術：作爲貴族，你得管理財產。

五、幾何：涉及嚴密的推理，而且你需要對建築有所理解。

六、音樂：音樂被視爲與世間的法則有關。

七、天文學：其中包括了占星術。音樂是人世間的法則，天文則是自然界的法則。

時至今日，西方大學裡自由技藝的科目已經有了各種變化，比如自然科學類的課程有時候不算自由技藝，被單獨拿出去，而歷史、文學、藝術這些內容則被加了進來。我們常說的「人文學科」，對應的英文叫 Humanities，可以視爲是自由技藝教育的一部分。自由技藝中還包含了像社會學、心理學、人類學這些普遍使用現代科學方法的學問。

中國的大學學科分成文科和理科，隱含的目的都是培養「專業」的人才——文科生從事商業、法律、文案之類的工作，理工科生從事工程師、科學家之類的工作，各自都只是一種分工而已。而西方的自由技藝，要點恰恰是不分工。自由技藝並不爲任何具體的職業做準備，而是培養一個完整的人。美國有些專門教自由技藝的大學，學生學四年自由技藝，畢業以後再去學醫學法律之類的專業。一般綜合性大學也要求學生必須花上至少兩年時間學習自由技藝。

現在也沒有奴隸了，也沒有那麼多「統治者」。那自由技藝培養的是什麼人呢？**培養的是具有自由意志和獨立人格的人，我看也可以說是「拒絕被統治」的人。**

自由技藝是比專業技能更高段的知識。往小了說，自由技藝是「軟實力」；往大了說，自由技藝是「屠龍術」。

三大技能

幾年前《華爾街日報》（*The Wall Street Journal*）有個針對美國各大公司的調查統計，說有九三%的公司認爲，有三項自由技藝的技能比任何本科專業都重要。

這三項技能是批判性思維、交流和解決問題的能力。

所謂「批判性思維」，就是對一個事物進行分析、判斷和評價的能力——最簡單地說，就是你能不能獨立思考。

比如秦朝滅亡是中國歷史上的大事件，我們的歷史課對這個事件的學習和考試重點，可能是事件發生的時間、參與的各方勢力和人物、後人對秦朝滅亡原因的分析之類——這些都有標準答案，這就不叫批判性思維。

批判性思維，是你自己給秦朝滅亡的原因提出一個說法，然後找各種證據來支持你。如果是面對別人的分析，你得能對這個分析進行「批判」：他的證據充分嗎？邏輯性完整嗎？有沒有偏見？反方的說法有沒有道理？有這樣的能力，你才能在真實世界中獨當一面，而不是人云亦云。

中式的「文科」教育非常強調死記硬背，而真正的自由技藝恰恰是不能死記硬背的。我們在真實世界面臨的絕大多數問題，哪有什麼現成的標準答案？一個統治者，或者「拒絕被別人統治」者，必須自己做判斷。面對各種問題能夠運用批判性思維，才是一個獨立自主的人。沒有這個冷靜判斷的能力，聽說了某件事情，若只知道情緒性地宣洩，或附和別人的說法，再不然加入一個陣營黨同伐異……這些人，大概就配不上「自由」這兩個字。

所謂「交流」，在這個時代我們已經知道很多了，比如說服力、影響力、修辭技巧、演講技巧等等。這裡我特別強調一點：風格。

風格，是一種非常人性化的東西，它的反義詞是機械化。比如同樣一個笑話，或者一句特別經典的話，歐巴馬（Barack Obama）說一遍可能效果就非常好，而你如果接下來照著他學一遍，那就完全不好使——你是機械化的模仿，沒有自己的個人風格。

說服別人，不能用寫學術論文的方法，期待用一大堆圖表碾壓別人，那樣別人只會反感，當你是個機器人。沒人願意聽從機器人，人們喜歡有風格的人。「我喜歡你的風格」，這簡直就是對人最高級的評價。

可是個性不等於任性。只有透過自由技藝的訓練，使你對文化有了充分的了解，知道人性是怎麼回事，掌握各種表現方法，你才能非常自然地跟別人產生感情上的共鳴。我們看有風格的人，不管是引經據典還是吹拉彈唱，他一上來幾句話就能打開局面，這就是學習過自由技藝的作用。

所謂「解決問題」，可不是解開一個數學方程式，而是在複雜世界中解決一個具體的問題。這種問題的難度並不在於方程式怎麼運算，而是你根本不知道該用哪個方程式！

利用自由技藝解決問題的一個重要辦法，如果套用電腦科學的術語，叫作「圖形辨識」（pattern recognition）。用一般人熟悉的說法，應該叫作「定調」。

比如公司有個下屬犯了一個錯誤，你怎麼定調呢？這只是一個偶然事件，還是代表了一個必須馬上遏止的壞趨勢？你要從不同的角度觀察，了解不同的細節，採取不同的手段，自由技藝裡面都有各種歷史經驗可以讓你借鑑。你應該學剛剛打贏官渡之戰的曹操，忽略這個事情來穩定人心呢？還是學「夢中殺人」的曹操，高調處理來給自己立威呢？

這些經驗和套路，不但沒有標準答案，而且可能是互相矛盾的，但是你反而要多掌握一些，才能靈活運用。自由技藝，就提供了這麼一個裝有各種套路的工具箱。

有了批判性思維，你就能建立正確的認識。學會交流風格，你就能讓別人接受你的認識。再加上一箱子解決複雜問題的手段，就算不去統治人，也不至於被人統治吧？

文藝的意義

近代的中國人，在潛意識之中，似乎是覺得所謂「通識教育」是政府和社會的要求，不是個人的事，好像花時間學習人文藝術是一種犧牲一樣——我犧牲了學習賺錢本領的時間，來參加通識教育，無非是想把自己變成一個好人，讓社會對我放心。

可是在西方學者眼中，**自由技藝，正好是為自己學的**。

事實上，根本沒有任何證據表明學習了自由技藝就能把你變成好人。一個人就算掌握了批判性思維，學會了說服別人，還能隨心所欲地達成各種目的，他完全可以使用這套方法玩轉世界、擺弄人心，甚至奴役別人。我們看西方有很多人文修養很高的人根本就不是好人，純粹是流氓會武術。

那這個武術是怎麼用的呢？比如學習文學藝術，我們一般會說這是為了「陶冶情操」，可陶冶情操又是為了什麼呢？難道是為了美容嗎？

科學說的是客觀世界，而文藝，說的是從主觀視角對世界的主觀體驗和主觀看法。在某個具體的時刻，站在某個具體的立場，當事人是一個什麼心情？這些體驗難以用實驗量化，各不相同，沒有標準答案，所以才叫作「藝術」。

透過文藝作品了解別人的視角、觀點和體驗，我們才能理解別人，進而理解自己。最起碼的一點，能意識到自己的局限和渺小，知道自己不是世界的中心。

而同樣地，我也知道我沒必要圍繞著別人的中心轉。流行文化常常能吸引人去渴望某種生活，而真正的藝術，卻能讓人質疑那種生活。

一切人文學科都是歷史學科，不了解過去就不理解現在的世界。你得知道這都是怎麼來的。你得知道世界不總是——也沒必要是——現在這個樣子。我們是今天這樣，只是偶然的文化選擇，根本就不是普遍的。認識到這些，學會了質疑，我們才能知道還有別的可能性，進而去想像別的可能性，也才能發揮創造力改變世界。

追根究柢，自由技藝教給我們的，是去做一個獨立的人，而不是去做一個工具。所以「Liberal Arts」中的「Liberal」，不是「通識」，不是「素質」，不是「人文」，不是「博雅」，而恰恰就是英文和拉丁文原文中的那個詞——自由。

當前這個時代特別流行「大數據」、「演算法」這些概念，很多人試圖用機械化的方法理解和解決一切問題。而最近幾年，美國一個重要思潮，就是有很多很多問題是不能用演算法和大數據解決的。

比如戰略諮詢顧問克里斯汀・麥茲伯格（Christian Madsbjerg）在二〇一七年出版的一本書《演算法下的行銷優勢》（*Sensemaking*）中，舉了一個真實的例子。福特公司想要進入發展中國家的新興市場，它應該定位什麼樣的賣點呢？如果用大數據的方法，就得不預設任何立場地設計很多款不同的車型，在各個國家做銷售實驗，看哪個車型好賣，就大量生產那個車型。但是這根本不可行——車型變化的靈活度太大，不可能測試五百種不同的車型，而且根本沒有時間和金錢去做這種實驗。

麥茲伯格的做法，是「意義建構」。他說要深入理解當地的文化，從文化角度判斷消費者可能喜歡什麼樣的汽車。而在大數據愈來愈普及、人工智慧即將大行其道的時代，自由技藝提供的這種「意義建構」能力，反而愈來愈值錢了。

趨勢

學習自由技藝不是爲了就業，可是自由技藝這個軟實力在美國的就業市場上反而很受歡迎。一項針對美國公司的統計表示，現在最受歡迎的專業中，排第一的是工程和電腦科學，受歡迎度是三四％；排第二的就是自由技藝，受歡迎度高達三〇％。

紀實作家喬治．安德斯（George Anders）二〇一七年的一本書《人文學科的逆襲》（*You Can Do Anything*）說，最新的調查資料顯示了一個趨勢——現在美國的就業市場新創造的職位中，文科生的優勢愈來愈大。

從二〇一二年到二〇一六年，美國新創造了一千多萬個工作職位，其中只有大約五％，也就是五十多萬個職位是在電腦相關領域。就算把所有和網路、電腦相關的技術職位加在一起，也不到一〇％。剩下的九〇％新工作，大多和「文科」有關係——也就是需要和人打交道的工作。比如「市場研究員」，新增了五十五萬個就業職位，四年增加了三〇％，比工程師都熱門。類似的還有顧問、教育、娛樂業等等，都不是純技術的工作。

要想做好這些工作，你在大學裡不能學會計、管理之類的「商科」，而應該學歷史、人類學、社會學、藝術史、哲學、政治這些自由技藝課程。學習自由技藝，你一畢業的起薪不會很高，但是發展潛力大。華爾街投資銀行合夥人中有相當比例是學哲學出身。各行業薪資最高的人中，政治、歷史和哲學出身的人占據最顯眼的席位。

所以這個趨勢是，機器愈厲害，只會機械化技能的人就愈廉價，自由技藝就愈值錢。

面對這樣的趨勢，我們的大學教育做好準備了嗎？

《優秀的綿羊》的作者德雷西維茲認爲，連美國名校都沒有做好這個準備。學生和大學系統都太過關注考試分數、獲獎證書、體育項目、選修課之類「可見」的成績，而不注重眞才實學。德雷西維茲甚至說：與其上名校混學歷，還不如去一個專門教自由技藝的小學院學四年——而事實證明，這麼做的就業前景非常好。

那我敢說，中國的大學更沒做好準備。中國傳統的文理分科制度早就過時了，而我們對自由技藝的認識還停留在「通識教育」這種兒童思維上。

《如何思考》是對自由技藝教育的一個全面描述，希望這本有聲書能打開讀者的視野。並不是學習專業技能才叫學習。勞心者治人，勞力者治於人，自由技藝是勞心者的學問。這套學問的現代西方版本，與中國古籍說的那些傳統智慧非常不同。把自由技藝和現代科技結合起來，你就是未來最精英的人才。

第8章

屠龍術的日常應用

《莊子》裡有個典故，說有人花了三年時間和無數金錢去學了「屠龍術」，但學成歸來之後他發現白學了，因為現在已經沒有龍了。

我們說的自由技藝，就有點像是屠龍術。古代學習自由技藝的都是貴族，現在這麼多老百姓的孩子學政治學、國際關係，難道真的都去管理國家嗎？顯然不可能。

但這可不等於說學屠龍術沒用。喬治．安德斯在《人文學科的逆襲》這本書中，就列舉了許多屠龍術在普通公司日常工作中的應用。

我講三個真實故事。

研究國際關係的專案經理

有個叫康諾利（Connolly）的女青年，在史丹佛大學裡學的是國際關係專業。康諾利選擇國際關係專業可能是因為她喜歡到各國旅遊，還喜歡政治。她高中的時候就作為學生代表去過很多國家參加活動，還在歐巴馬競選陣營裡當過志工。大學期間，她到南非待了很長一段時間，學了當地的語言，還做了各種調查研究。康諾利特別擅長理解各國的文化，能和完全不同文化背景下的人打交道。

像這樣的人才，能從事什麼工作呢？她最初的成功，是在維基百科（Wikipedia）的外部資料庫 WikiHow 做專案經理。這個網站服務收編大量教學文章，它從搜尋引擎獲得流量，然後靠廣告賺錢。

康諾利負責的專案是把 WikiHow 做成多語言版本。公司已經擁有大量英文文章，但是不知道怎麼用低成本的方法把這些文章翻譯成其他語言，特別是一些第三世界國家的語言，比如印尼語。

最廉價的辦法顯然不是在美國找會印尼語的人，而是去印尼找會英語的人。康諾利到各個國家找當地的人翻譯 WikiHow 的文章，她的國際關係技能還眞用上了。哪怕是在完全不熟悉的文化環境，康諾利也能迅速識別每個人到底能做什麼，到底想要什麼，然後和這些人談判。比如亞洲文化尊敬年長的人，她見到年長的人就表現得更有禮數——同時還有辦法讓他們完成該做的工作。

國際政治還教會了康諾利變通的智慧。最初，公司的設想是找一些當地精通英語的人來翻譯。結果康諾利發現，很多英語好的人寫作能力並不怎麼樣。她發現最好的辦法是找那些英語水準一般，但是擅長用本國語言寫作的人。其實 WikiHow 上的文章本來就挺簡單，英語不用太好也容易理解。

在印尼，康諾利先從印尼首都雅加達招了一批人。她把這些人分成兩組，一組負責翻譯，一組負責編輯。結果兩組人合夥騙她——負責翻譯的人用 Google 的自動翻譯系統隨便翻譯了一下，負責編輯的人居然還讓它通過了。康諾利馬上想到了應對的辦法，她開除了雅加達的團隊，去了印尼一個偏遠省分的二三流大學，雇用大學的師生來做這件事，結果這些人做得特別認真，翻譯品質很高。所以有些事你不到現場了解就做不好。

而且，各國文化要求不同的文章內容。中東地區禁止飲酒，阿拉伯語版就不能有「如何在自家釀造伏特加酒？」這樣的文章；俄羅斯禁止大麻，俄語版就不能有有關大麻油的內容。那像「第一次該怎樣親吻一個女孩？」這篇文章怎麼辦呢？有個埃及人認爲阿拉伯世界不會接受這樣的文章，但中東的一些女孩反而表示可以有這樣的文章——康諾利眞的得像一個外交官一樣協調這些事情。

事實證明專案經理這個工作非常適合自由技藝專業的人。在過去十五年內，全世界專案經理的職位增長了五〇〇%！想要做好專案經理，你得有批判性思維能力，有跨學科的見識，還得擅長處理人際關係。它們都決定了你能不能協調好自己的團隊，能不能從外部獲得幫助。

當然專案經理也得有點技術，但技術不是關鍵。康諾利剛到公司的時候連 Excel 試算表軟體都不怎麼會用，但是 Excel 能有多難？康諾利現學現用，上手很快。對一個連國際關係都能擺平的人來說，這都不叫難事。

IBM的社會學家

我們知道IBM是家高科技公司，專門做些軟體、人工智慧、技術支援之類的事情，但是它也雇了很多學自由技藝的人。

比如有個叫米克（Meeker）的人，學的是社會學，但他不是名校畢業。米克的特點是實地調查的能力非常強。

還在上大學的時候，導師就建議米克去越南待半年，研究的課題是越南革命。米克到了越南，很快就學會了越南語，能和當地人自由交流，然後他就決定留在越南再多做幾年。當時有很多西方公司在越南開設業務，米克就幫這些公司進行商業談判，促成和當地公司的合作。他既了解越南文化，又了解西方文化，工作做得很好，兩頭通吃，很快就出名了。

事實上，你把上面說的「越南文化」改成「人工智慧」，米克的工作模式也行得通。所以他就被IBM挖過去了。最初IBM讓米克負責給自己的人工智慧項目「華生」聯繫商業合作，後來IBM看上了區塊鏈概念，專門成立了一個部門推廣區塊鏈業務，米克就被調到了這個部門。

區塊鏈是一個技術性非常強的東西，熱門歸熱門，但是直到現在能眞正把「什麼是區塊鏈？」這個問題解釋清楚的人少之又少。ＩＢＭ想建立一個區塊鏈商業圈，急需能向任何商業人士解釋區塊鏈的人才。米克就是這個人。

米克不但能在短時間內學會越南語，還能在短時間內理解區塊鏈。他把從ＩＢＭ能找到的所有有關區塊鏈的資料都讀了，了解了全部細節。不論你是想聽概念，還是想聽技術，米克都能給你說明白。

比如《人文學科的逆襲》這本書的作者安德斯並不懂技術，所以米克是這麼解釋區塊鏈給安德斯聽的——區塊鏈的本質是信任。在原始村落裡，鄰居種糧食，你家養豬。他家的糧食是怎麼種的，你非常清楚；而你家的豬是怎麼養的，他也非常清楚。你們兩個進行商品交換，互相都放心。但是在現代社會，你要買野生的鮭魚，那你怎麼知道這個鮭魚是不是眞的野生呢？魚是在哪打撈的？怎麼運輸？到你手上的時候經歷了哪些人的轉手？你無從得知，所以你沒有信任感。

區塊鏈就能解決這個問題。區塊鏈把有關這條魚所有相關的生產和運輸資訊都記錄下來，然後以去中心化的形式儲存，誰也無法刪除改動，那麼人們就能充分了解整個供應鏈的所有情況。

有了這個介紹，你大概就已經對區塊鏈有點概念了。如果你還想了解技術細節，米克還能講給你聽。

這就是社會學給米克鍛鍊出來的能力。能調查、能學習，還能表達。米克的原則是講任何東西都要考慮聽眾的視角，只有充分理解聽眾，對談話背景非常敏感，你才能把這個工作做好。

投資界的哲學家

《黑天鵝效應》（*The Black Swan*）與《反脆弱》這兩本書的作者納西姆．塔雷伯有個身分是期權交易員，他賺了很多錢，但是因爲書寫得太好，人們更願意把他當成一個哲學家。金融大鱷索羅斯（George Soros）是哲學家卡爾．波普（Karl Popper）的弟子，他也希望被視爲哲學家，但是因爲金融玩得太大，人們還是把他當成一個交易員。

這個要點是有很多搞金融的人其實是學哲學出身的。創始人、高階管理者、普通員工都有。如果你是哲學系的畢業生，去華爾街找工作的時候你會有一種親切感。

安德斯重點講的人物是卡爾．伊坎（Carl Icahn）。伊坎是那種發條推特就能影響蘋果公司股價的人，個人身價是一百七十億美元。

伊坎喜歡的商業模式是收購很有潛力但表現並不好的公司，再加以重組，告訴管理層應該怎麼改革，改好了再賣掉。

伊坎以前就是學哲學的，哲學和這種工作有什麼關係呢？伊坎說，哲學的一項智慧，就是看你在混沌不明的情況下，能不能做出自己的判斷；在互相矛盾的情況下，能不能正常行事。

收購一個公司之後，伊坎對管理層的重組改革，就運用了這個精神。

安德斯在《華爾街日報》當過記者，他跟伊坎有過很多次交流。伊坎有個很重要的特點，就是他總要跟人解釋清楚他爲什麼要這麼做。他會先說一遍自己的改革意見，再說一遍那個公司管理層的不同意見，然後還要解釋一下爲什麼管理層錯了，管理層缺少了什麼關鍵資訊才犯了這個錯誤。

伊坎善於轉換不同的視角來看一個問題。他堅持自己的觀點，同時又尊重別人的意見。這就是一種哲學家氣質。關鍵字是「矛盾」，哲學讓你學會適應矛盾。

再比如說排名很高的風險投資者中，有很高比例的人以前學習的都是跟金融沒有關係的專業，其中學哲學的人有很多。其中有個投資者是這麼說的——想要做一個成功的投資者，你得同時擁有兩個素質，這兩個素質看似矛盾。首先，你要非常有主見，你一定要相信這個投資能成功，你才敢做。第二，你還要有一個開放的頭腦，能夠隨時接受新的資訊，勇於推翻之前的決定。既要堅持，又要改變，很矛盾，是典型的哲學家氣質。

自由技藝是統治世界的技術，這些自由技藝專業的畢業生雖然沒進政府部門，但是眞的正在統治世界——至少也是在運轉這個世界。

當然他們可不是一畢業就能統治世界。考察美國剛畢業五年的各專業平均薪資排名，

表 8-1

初入職場標準薪資 （工作經驗〇到五年平均年薪）	
電腦相關科系	$63,500
護理	$57,500
土木工程	$57,200
會計	$48,300
企業管理	$45,800
哲學	$44,700
政治學	$44,300
歷史學	$42,200
（英語）文學	$40,400
心理學	$38,300

排第一的是電腦相關科系，平均年薪六萬三千五百美元，前幾名都是實用的技能，而哲學專業平均年薪只有四萬四千七百美元，往後是政治、歷史、英語、心理學專業，一年只能掙三、四萬美元（如表8-1）。

但是考察那些畢業十年到二十年這個區間的各專業收入，你會發現學自由技藝的人的薪資水準逐漸增高。排在最前面的還是電腦，平均年薪十一萬一千美元，但這時候學哲學的達到了八萬四千一百美元，學政治學的是七萬九千九百美元，已經分別排到第三和第四位（如表8-2）。

然後再考察各專業最成功的人才一生的總收入。前十名裡面第一位就是政治學，一生收入四百八十一萬美元；第二位是歷史，三百七十五萬美元；哲學排第四，三百四十六萬美元（如表8-3）。

這就是自由技藝的後勁。你的起薪不高，但

表 8-2

資深人士標準薪資（工作經驗十到二十年平均年薪）	
電腦相關科系	$111,000
土木工程	$96,300
哲學	$84,100
政治學	$79,900
會計	$77,200
護理	$74,100
歷史學	$72,600
企業管理	$72,300
（英語）文學	$68,200
心理學	$62,100

表 8-3

成功人才一生總收入（前十名專業，漢密爾頓資料統計）	
政治學	$4,810,000
歷史學	$3,750,000
會計學	$3,650,000
哲學	$3,460,000
企業管理	$3,370,000
土木工程	$3,360,000
電腦相關科系	$3,200,000
（英語）文學	$2,810,000
心理學	$2,640,000
護理	$2,160,000

是如果你學到了眞本事，最後一定會拔尖。

我對中國的文科教育不太了解，但我認爲如果你學的是人文學科，那麼學習大概有三個層次。

第一層是「學事實」。你得記住哪個年代發生了什麼事，哪個皇帝頒布了什麼政策之類的知識。

第二層是「學觀點」。比如你得知道怎麼評價太平天國運動，甚至各位名家的觀點。這些事實和觀點，固然是必備的專業素質，但是如果你畢業以後就不從事這個專業，它們就只是談資而已。

第三層是「學方法」。你能不能直接調查一下當時的原始材料，比如太平天國相關的經濟資料、清朝大臣的奏摺之類，從中得出自己的觀點，並說服別人接受你的觀點。這才是批判性思維，也才是眞正値錢的技能。

試想一個掌握批判性思維的人，如果還能鑽研一點最新的科技，他怎麼可能找不到好工作呢？

表面上來看，文科生畢業以後都改行了，但實際上學哲學的人的確靠著哲學氣質，學社會學的人的確靠著社會學修養，學國際關係的人的確運用了國際政治手段在做事。他們把軟技能和具體的公司業務結合在一起，都取得了成功。

第9章 從「刻意練習」到「工夫在詩外」

一個最普遍的創造方法，就是「想法的連結」。我們最好能把一個遙遠的想法和你手裡的東西連結在一起，提供一個新思路。美國萊斯大學管理學教授史考特．索南辛（Scott Sonenshein）在《讓「少」變成「巧」》（*Stretch*）這本書裡列舉了大量案例和研究結果，我看完的感覺是，想法連結式的創新模式比我們想像的重要得多。

可能遙遠的想法比你手裡的東西還有用。可能外行比專家還厲害。可能這是一個斜槓當道的時代。

外行的洞見

對於丹尼爾．康納曼的《快思慢想》那本書，現在有很多聲音說，康納曼這本書裡提到的有些實驗是不可重複的。可能現在你看那本書的感覺——讓我們大膽猜測一下——就如同讀過《三國演義》以後回頭再讀《三國志》，原來「真實」情況沒有那麼有意思啊！

但我想說的是，《三國演義》可比《三國志》有用多了。看《三國志》的人可以獲得學術聲望，看《三國演義》的人卻能解決大問題。

索南辛講了這麼一個案例。串流影片網站網飛（Netflix）曾經舉辦過一個競賽，懸賞百萬美元，給第一個能把它的電影推薦引擎的準確度提高一〇％的團隊。

兩萬多支隊伍參賽。最後排名第十七的這支隊伍，只有父女兩人，女兒只提供數學支援，父親也沒有太多專業背景。這個人叫作蓋文．波特（Gavin Potter），他是康納曼的粉絲。

當年在大學的時候，波特聽說過康納曼的一個思想。康納曼說，如果在一個人做預測或者判斷一個數值的時候，事先看一個比較大或者比較小的數字，那麼他的判斷也會是一個比較大或者比較小的數字。這個人明知道給他看的數字和他要判斷的項目沒有任何關係，還是會受到那個數字的影響。

這個現象，在心理學上叫「錨定效應」。我可以補充一點，有人做實驗，讓受試者先寫下自己的生日，然後判斷一瓶紅酒的價格——結果生日數字比較大的人，給紅酒的估價也比較高。這個實驗在意料之外但又是情理之中——可惜後來有人發現，實驗結果無法重複。

所以波特先生聽說的那個心理學結論未必可信，但是波特先生有個洞見。

波特設想，假設一個人連續在網飛上看兩部電影，如果第一部電影他很不喜歡，那麼這種心情就可能會影響他，讓他也給第二部電影一個過低的評分；反過來，如果他非常喜歡第一部電影，那就可能給第二部電影一個過高的評分。在那一刻，他自己並不是他眞實的自己！那麼當你使用他的評分資料的時候，就該考慮到這一點，調整他給第二個電影的打分。

憑這一點，波特最後把推薦引擎的準確度提高了九．〇六%。

康納曼說的不一定對，可是波特說對了。波特在之前網飛舉辦的一次交流會上，把這個思想分享給了其他隊伍，最後獲得第一的隊伍實際上也使用了這個思想。

這件事非常有意思。波特是個外行，他眞正的優勢既不是程式設計，也不是自己以前的專業，而居然是他早年從康納曼那裡學來的一個不可信的心理學知識發揮了作用。

這就叫神來之筆——非常遙遠的兩個東西，透過一個非常規的管道連結在一起，把問題解決了。

事實上，外行解決問題是一個非常普遍的現象。有個外包網站叫 InnoCentive，你如果是某個領域的高手的話，不妨去註冊一個帳號。InnoCentive 是個平臺，哪個公司有什麼解決不了的技術問題，可以在這個網站上懸賞，誰第一個解決問題就給誰獎金，獎金有時候高達幾萬美元。

有人用這個網站的資料做了一個研究，結果發現「外行」解決的問題，比「內行」解決的問題多——生物學家解決的化學問題，比化學家解決的化學問題多。

爲什麼會這樣？一方面，本專業專家能解決的問題肯定早就解決了，也不至於懸賞。另一方面，複雜問題的確需要用到多個專業知識，比如有個研究水泥、從來沒研究過石油的化學家，就在這個網站上解決了一個海洋石油汙染的問題。

那麼技能和眼界單一的專家們就得有點緊迫感了。

什麼時候「練習」最有用？

成爲專家的辦法，是「刻意練習」。本來刻意練習強調的是練習的方法，可是葛拉威爾的暢銷書《異數》的影響力實在太大，現在人們都認爲練習的關鍵是時間長短——你要練習一萬個小時，才能成爲專家。

練習時間長短和實際工作表現之間，到底有多大聯繫呢？索南辛列舉了一些綜合性的研究，也就是所謂「整合分析」（meta analysis），把幾十個研究放在一起分析，結論有兩個。

第一，**有嚴格固定規則的領域，練習的作用最大；沒有嚴格規則的領域，練習的作用非常有限**。

比如西洋棋就有非常嚴格的規則，在西洋棋的領域內，一個人的總練習時間能夠解釋他二六%的表現。在音樂領域，練習時間長短能解釋二一%的表現；在體育領域，練習時間長短能解釋一八%的表現。剩下的可能是天賦和臨場發揮水準之類，也許還包含偶然因素。而教育、程式設計、航空飛行這些更常見的職業，往往不像體育比賽那樣有固定規則，發揮的水準更加複雜，一個人的練習時間居然只能解釋不到一〇%的表現。

第二，環境局面愈是可控和可預測，練習的作用愈大；局面如果複雜多變、不可預測，練習的作用就很小。

綜合統計，在那些最可預測的環境裡，練習能解釋二四%的表現。在最不可預測的環境中，練習能夠解釋的因素只有四%。

練習，其實就是練習模式。真實世界裡的工作模式並不固定，高水準工作要求你臨場發揮，要求你借鑑不同領域的見識，只靠年輕時候的刻意練習，當一個方面的專家就遠遠不夠了。

二十一世紀，什麼人才最貴？

答案當然是天才最貴。天賦無法複製，可遇不可求，是最稀缺的資源。

那什麼人才是第二貴的？答案是擁有多項技能的人。

索南辛舉了個例子。網路上曾有個流行詞彙叫「斜槓青年」，接下來要說的這個人，就是「特級斜槓青年」。

史多利・馬斯格瑞夫（Story Musgrave），是美國太空總署的太空人，他還曾經是數學家、工程師、飛行員、軍人、研究人腦的科學家、外科醫生。

事實上，就在他在美國太空總署工作的三十年間，馬斯格瑞夫每個月還有三天時間去醫院執行手術。馬斯格瑞夫沒有高中畢業證書，念到一半就退學了，在機場擔任過一段時間的電工。他看人開飛機自己也想開，就重返校園讀大學，結果就一發不可收拾地學習了很多專業，成為了數學學士、化學學士、工商管理碩士、醫學博士、生理學和生物物理學碩士、文學碩士。

像這樣什麼都懂的人應該去做什麼呢？學這麼多有什麼用呢？

馬斯格瑞夫在美國太空總署以「能修理所有東西」著稱，特別擅長臨場解決問題。所以當哈伯太空望遠鏡出了問題，整個美國太空總署的聲望繫於一線的時候，美國太空總署發現只有馬斯格瑞夫最適合執行這個修復任務。馬斯格瑞夫自己也對人說：「我之前學習的所有技能，可能都是為這一天準備的。」

馬斯格瑞夫透過三次太空行走，總共歷時二十二個小時，修好了哈伯望遠鏡。

今天社會的分工愈來愈細，需要很多專才（specialist），教育系統培養的也是專才，可是真正值錢的卻是通才（generalist）。尤其是領導職位，比如一個公司的執行長，應該在各個領域都有所涉獵才行。

有人調查了四千五百名執行長的履歷表，發現他們總共從事過超過三・五萬個不同的職位。研究者就考察這些執行長之前從事過職業的多樣化程度，來判斷這個人是「專才」還是「通才」。結果「通才」更受歡迎。

「通才式執行長」的平均薪資，比「專才式執行長」的高出一九%，相當於每年多一百萬美元。

如果是特別複雜的業務，比如涉及公司合併、收購之類的技能的話，通才的薪資甚至比專才高出了四四%。

我想澄清一下「練習時間」和人所能達到的水準之間的關係。我多次強調過，「刻意練習」的關鍵不是時間，而是方法。問題在於「方法」很難觀測，「時間」容易統計——這就是爲什麼大部分對練習的研究都在考察練習時間，其實總時間根本不能帶出問題。

比如我看過一個研究，一個醫生在剛工作的頭幾年，是經驗愈豐富水準就愈高，可是幾年以後水準常常就停滯不前了。這是因爲他們只是在花時間工作，而不是在學習區工作，那不叫「刻意練習」。

不過，「老手並不一定是高手」、「專家不一定最好用」這兩個道理，仍然是成立的。這是一個需要通才的時代。「練習」容易刻意，成爲通才似乎很難刻意。你很難抱著實用目的學習廣泛的知識——到底哪個知識有用？應該在各個領域投入多少時間最划算？這種優化問題根本無解。通才的目的本來就是爲了對付複雜問題和不確定的局面。

也許「某項知識到底有什麼用？」這個問題本身就錯了。如果哪個知識都可能有用，那你最應該關心的其實是你對什麼感興趣。眞正的斜槓青年追求的，不應該是在簡歷上多加幾條斜槓，而應該是培養廣泛的興趣，把知識本身當成回報。

如果你們公司要請一位執行長，你是選一個一路都在學習「管理」、被人用各種大小職位餵出來的「管理者」？還是選一個經歷複雜的非科班人士呢？數年前美國人選總統，選了沒有行政經驗的川普（Donald Trump）。

年輕人應該多講講「刻意練習」，出來混就要多想想「工夫在詩外」。可是我們搞的這種教育，強迫小孩每個週末出去學習各種「才藝」，長大了卻愈學愈專一，吹拉彈唱早就不碰了——這是不是本末倒置呢？

第10章

深度對廣度

這一篇我們結合科學作家大衛・艾波斯坦（David Epstein）的《跨能致勝》（*Range*）一書，說一說專才和通才在創新方面的比較。

先從漫畫說起。漫畫是一個成熟的行業，美國有幾百家漫畫公司和出版社，比如DC和漫威（Marvel）都是我們很熟悉的。這個行業十分繁榮，經濟學家可以從中做些研究。比如可以透過銷量和影視改編的情況，推算一本漫畫書的價值有多大，然後評估每個作者的創造水準。

請問在以下這些因素之中，你認爲哪些跟漫畫作品的價值有正相關？

一、作者本身是不是一個高產的作者，他出書的速度快不快？

二、作者的經驗如何，他在漫畫行業累積了多少年？

三、這本漫畫是由單個作者完成的，還是由一個團隊集體創作完成的？

如果漫畫是一種「匠」，特別高產又有多年經驗的作者經過了那麼多的練習，肯定水準更高……但事實是一本漫畫書的價值和作者的高產度是負相關的關係，和作者的經驗則沒有相關性。也就是說，那些出書頻率特別高的作者出的書反而表現一般，而書的好壞和作者是新人還是老手沒關係。

最有用的因素，是作者涉獵的廣度。研究者把漫畫分成了二十多種類型，包括喜劇、犯罪、奇幻、科幻、非虛構、成人類等等，結果發現，一個漫畫作者涉足的類型愈多，他出一本書的價值就愈高。而如果一個作家曾經出版過至少四種類型的漫畫，他就比那些工業化、集體創作的團隊更有創造力。

如此說來，漫畫作家的創造力由廣度決定。你是新手還是老手都沒關係，但你最好是個多方涉獵的能手，而不是一個熟手。

那這是一個普遍規律嗎？

遙遠的連結

前文提到，所謂創新，就是想法的連結。這就好像有性生殖一樣，新東西是幾個現有的東西連結在一起創造出來的。連結愈遙遠，創新就愈新穎。

前文我們提到過創新中心這個網站，在這個網站中，「外行」解決的問題，比「內行」解決的問題多。

艾波斯坦還提到一個叫 Kaggle 的網站，相當於機器學習界的 InnoCentive。在 Kaggle

排名第一的問題解決者，是來自中國長沙的 Dai Shubin [13]。他的本業工作是專爲銀行提供資料處理和分析解決方案，但是他在 Kaggle 解決了諸多例如「如何用衛星資料判斷亞馬遜雨林的流失原因」這一類的問題。他在訪談中說：「我不認爲我的專業領域知識發揮了極大作用。」因爲「想要簡單地透過使用成熟的方法贏得比賽非常困難，特別是在深度學習比賽中，因此我們需要更多創造性的解決方案……」。

你可能會說，這些是不是倖存者偏差呢？凡是貼在 InnoCentive 和 Kaggle 網站上的問題，都是自己專業解決不了才貼出來的，那自然就容易被外人解決！有沒有一個更公平的研究，看看專才和通才的創新能力到底哪個強？

還眞有。

什麼人最有創造力？

美國 3 M 公司的業務非常廣，產品從工業黏合劑到醫療設備到家用電子無所不包，它擁有各領域的多項專利。研究者從 3 M 公司的專利資料中，發現了創新人才的祕密。

美國專利局把所有專利分成了四百五十種類型，經濟學家根據每個人申請專利類型的記錄，就可以看出他是哪種人才。

專才的做法是在一個領域中深耕，他的專利申請記錄高度集中於某個類型。而通才，則講究廣度，他在很多類型中都有專利，但是並不深入到任何一個特別的類型裡去。

研究者取得了3M公司的內部記錄，能夠評估每個專利帶給公司的價值。結果發現專才和通才的專利水準可以說是不分伯仲，他們都不是最強的人才。

3M公司有個獎勵創新的卡爾頓獎（Carlton Award），相當於公司內部的諾貝爾獎。那什麼樣的人最能獲得這個獎呢？我們可以稱之爲「全才」（polymath）。

全才的特點是，他有一個自己的核心領域，在這個領域中鑽研比較深（比通才深但沒有專才那麼深）。但是全才不僅僅專注於這個領域，而是能夠把核心領域中的技能運用到鄰近的領域中去。透過這樣的方式不斷學習新東西，以至於最後全才涉獵的廣度甚至超過了通才。全才往往可以縱橫幾十個專利類型，全才的創造力是最強的。

什麼樣的人最能創新？結論是——你鑽研得特別深也行，或者特別廣也行，最好是既深又廣……最怕的就是既做不到深，也做不到廣。

研究者還統計了這幾種人才貢獻度的演變情況。從二戰結束後的總體趨勢來看，確實是專才的重要性愈來愈強，世界也的確變得愈來愈專業化……但是專才的重要性在一九八五年就到頂了，然後劇烈下跌。通才和全才愈來愈重要。

⑬〈如何在十五個月內占領 Kaggle 榜首？ bestfitting 經驗大放送〉（Profiling Top Kagglers: Bestfitting, Currently #1 in the World），原文刊於 Kaggle 部落格。這篇訪談非常值得一讀。

此後專才的作用保持了一段平穩期，但是二〇〇七年之後，又開始下降。研究者分析這很可能是因爲現在有了網路，專業知識愈來愈容易取得，專才的稀缺性進一步下降了。

所以現在這個世界恐怕是通才已經壓過了專才。而專才更嚴重的問題在於他們擅長的領域都是比較狹窄的，這種方向的不確定性比較低。結果就是專才的競爭很激烈，而且如果你取得突破，別人會馬上學過去。

那通才是怎麼工作的呢？我再舉一個例子，說一說遊戲公司任天堂。

任天堂的故事

任天堂原本是一家在日本賣花札紙牌的公司，這是一種賭博用的紙牌，任天堂靠享有專營權賺錢。到二十世紀五、六〇年代，人們都不玩花札紙牌了，任天堂不得不用累積的資金探索新的業務。公司在一九六五年雇用了一個電子工程師，叫橫井軍平。

橫井軍平沒去大公司，大概是因爲學習成績一般。不過他的業餘愛好特別多，會彈鋼琴，喜歡音樂、跳舞、潛水和玩具火車。當時任天堂也沒有什麼電子遊戲，橫井軍平只是負責一些最簡單的機械維護，非常清閒。窮極無聊之下，橫井軍平做了一個能伸縮的機械手，自己拿著夾東西玩……

這被老闆發現了。老闆問他，能不能把這個機械手做成一個玩具呢？這就是橫井軍平的第一個爆紅產品——「超級怪手」，賣出一百二十萬個。任天堂就此轉型為玩具公司，橫井軍平就是公司的研發負責人。

任天堂公司發現，橫井軍平是個有哲學思想的人。一般的玩具公司都追求使用最新的電子技術，而橫井軍平的理念卻是把那些已經成熟的、甚至是過時了的技術拿過來，便宜可靠，組合在一起變成一個讓你意想不到的新玩具。橫井軍平的主要競爭優勢是他頭腦裡的奇思妙想。

比如他有個發明叫作「愛情測試儀」，其實就是一個能讀取電流強度的電錶。兩個人手握手形成一個封閉圈狀，愛情測試儀根據穿過兩個人身體的電流強弱給出一個讀數，說明這兩人有沒有「心電感應」——其實是由手上出多少汗決定的。愛情測試儀流行一時，男女老幼都愛玩。

再比如說，當時無線電控制的玩具汽車很流行，但是價格非常昂貴，貴在上面的無線電裝置。橫井軍平發明了一款玩具汽車，只用最簡化的無線電操控，以至於車輪只能左轉——但是他把它設計成了一個繞著圈跑的賽車，會左轉就夠了。孩子們玩起來還挺順手，而且價格只有一般無線電玩具汽車的十分之一。

有一次橫井軍平坐火車，看見鄰座有個人窮極無聊，在那裡按計算機玩。他突發奇想：為什麼沒有一個可以裝在口袋裡的遊戲機呢？他回去就說服了老闆，找夏普公司合作，要用計算機技術開發一個掌上遊戲機！

計算機在最輝煌的時候，曾經賣過兩三百美元一臺。可是在那個時候已經不行了，愈來愈便宜，利潤很低，夏普正在發愁，雙方一拍即合。一切技術都是現成的，液晶顯示幕、計算系統都很便宜。這就是第一個掌上型遊戲機，大獲成功。

這個產品最終發展成了著名的 Game Boy。在 Game Boy 的時代，市場上出現了一些高端的掌上遊戲機，有彩色的螢幕，但是都競爭不過只有黑白畫面的 Game Boy。按照橫井軍平的哲學，Game Boy 價格便宜，結實摔不壞，進水了晾乾還能用，裝上ＡＡ電池能玩好多天，非常適合中小學生——橫井軍平知道這些人才是玩遊戲機的主力。

橫井軍平一九九七年不幸死於車禍，他的哲學一直影響任天堂到今天。比如 Wii 這款遊戲機，解析度遠低於競爭對手，但是它是第一個把原本是汽車用的加速度計和陀螺儀用在手把上的遊戲機，連英國女王都玩它。

艾波斯坦的書中提到一個研究：除了投入最低的那些公司之外，一個公司在研發上投入的資金多少，和創新水準之間的關係並不大。

創新並不僅僅來自更快、更高、更強的硬體，更是來自人的思想。

PART3

創造第三

第11章

到底什麼是發散思維？

這一篇說個有點神祕的東西，「發散思維」。

你一定聽說過這個詞。很多教育家呼籲培養小孩的發散思維。比如一個小孩數學題做得中規中矩，可是性格不活潑特別老實，教育家就可能認爲他缺乏發散思維。另一個小孩說話天馬行空、思路離奇，教育家就可能認爲他很有發散思維。能在兩分鐘內寫下磚頭的五十種用法的「發散思維」，是不是就比老老實實把數學題做對的「普通思維」高級呢？

從常識判斷，我們總覺得能把考題做對的人更有用。可是考察各種發明創造的傳說，最後關鍵的那一步，似乎又是發散思維的作用。

那麼發散思維，和把題做對的這種思維——我們不妨稱之爲「集中思維」——到底是什麼關係？這一篇我們就結合芭芭拉·歐克莉（Barbara Oakley）的這本《大腦喜歡這樣學》（*A Mind for Numbers*）說一說。

集中思維

先說「集中思維」。這就是老老實實做數學題的思維。一個外部資訊進來，你立即在大腦中定位這個資訊，並且專注思考，快速處理，這就是集中思維。比如讓你算一個兩位數乘以兩位數的乘法，你根本不會分心，拿過來就算。因爲你頭腦裡已經有了現成的乘法口訣——也就是套路，你把這些套路自動用上，很快就能得到答案。

再比如你讀書時看到一個從未聽說過的新名詞，爲了理解這個名詞的意思，你就不得不一字一句地讀書中的內容。這時候你的思想集中在這個概念上，根本沒有分心的餘地，這也是集中思維。

集中思維需要專注。在處理抽象的問題，或者按照一定的規則做事，或者對某種東西進行解碼，探究事物背後本質的時候，我們的大腦就是一部單進程電腦，任何分心都會降低效率。

「專注」，可以說是大腦的基本功。不能專注思考就不能掌握操作規則和理解抽象概念。想要在任何腦力領域有所成就，就非得從小訓練專注的工夫，在理工科上更是如此，就好像古代大儒們「養氣」一樣。人若長時間專注做一件事會感到勞累，除非你特別厲害，能進入「心流」的狀態——但即便如此，大腦集中思考時總是更消耗能量，就好像一部發熱到讓風扇嗡嗡作響的電腦。工夫淺的人需要意志力來強迫自己專注。

但是集中思維有個很大的局限性，需要用發散思維來彌補。歐克莉在書中畫了兩張圖說明這個問題（如圖11-1）。

我們可以把人腦處理新想法的過程想像成一個彈球遊戲。上面兩張圖中的大腦邊上有個彈簧，新想法就好比是一個球，彈簧把球彈入大腦。

左邊的大腦進行的就是集中思維。球進來以後迅速到了大腦前方的區域，那裡有些路線是發亮的，表示高速公路，也相當於大腦中現成的套路，比如乘法口訣。集中思維是把新想法集中在大腦的一個特定區域處理。小球就一直在那裡打轉，如果問題的解決方案也在那裡，那大腦很快就能解決它。

發散思維就如同圖中右邊的那個大腦，裡面沒有那麼多高速公路，大腦對新想法的限制很鬆散，小球進來以後到處亂竄，無論哪個區域都可能去，有時候就有可能路過正確答案所在的區域。所以發散思維是一種全局性思維，的確有點天馬行空，甚至是胡思亂想的意思。

專業水準愈高的人，愈容易產生集中思維。因爲他們的大腦中有很多現成的高速公

圖 11-1⓮

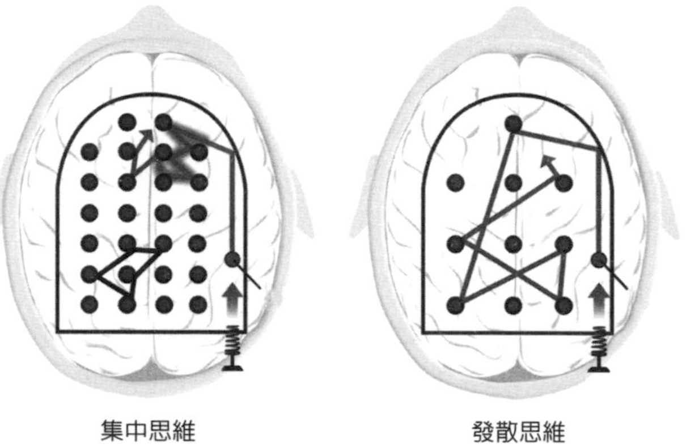

路，新想法進來馬上就能被這些高速公路傳遞到特定區域，這就是「心思複雜」的好處。而集中思維的弊端在於，如果問題的答案不在小球一開始進入的區域，就很難找到答案。如果答案在圖中左後方黑色線條圍起來的那個區域，而我們頭腦中的高速公路一上來就把小球送入正前方的發亮的區域打轉，那麼就怎麼也找不到正確答案。

集中思維的這個弊端，有個專門的名詞，叫「定勢效應」（Einstellung Effect）。說白了它就是當局者迷，我們頭腦裡已經存在很多既定的認知，一個想法產生後，我們首先會把它直接放到我們既定的認知裡，用現有的套路去琢磨它。但可能琢磨半天也找不到答案，因爲這個答案其實在「燈火闌珊處」。

好比給你兩個等腰直角三角形，請你把它們拼成一個正方形。答案很簡單，把兩個三角形的斜邊拼接在一起就是個正方形（如圖11-2）。

圖 11-2

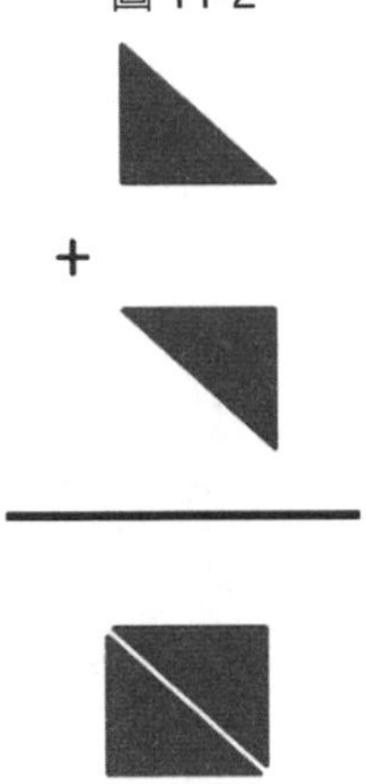

⑭ 本章圖片引自 Barbara Oakley, *A Mind For Numbers*, Tarcher Perigee, 2014。（繁體中文版為芭芭拉．歐克莉《大腦喜歡這樣學》一書，由木馬文化發行）。

如果你做這件事做得很熟練，那麼「把斜邊拼在一起」，就成了你頭腦中的一個套路。給你三角形，你首先就想到拼斜邊。這就是集中思維，它能保證你下次遇到類似問題時能快速找到答案。

現在出現了一個新問題，四個直角三角形，怎麼拼成一個正方形呢？如果你使用集中思維，根據套路還是去拼斜邊，你就無法得到答案（如圖11-3）。

圖 11-3

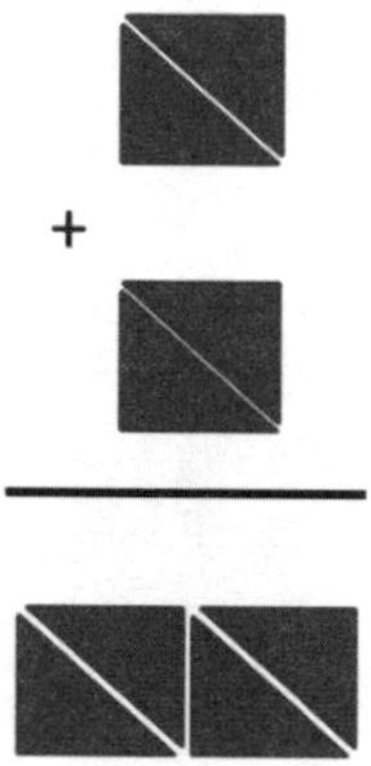

這時候你就需要運用發散思維，從既定的認知裡釋放出來，讓小球去別的區域找找答案……換個角度，這時候應該把直角邊拼在一起（如圖11-4）。

圖 11-4

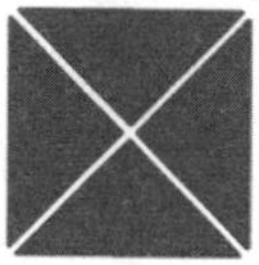

這就是「跳出思維定勢解決問題」。當然這個所謂「發散」，所謂「跳出」，前提是你已經有了一個思維的既定認知。在這個簡單例子裡，「拼斜邊」這個既定認知其實並不強，我們一眼就能看出來四個三角形的解法。但面對更難的題目，特別是實際工作中遇到的問題，專家往往會有很強烈的既定認知，那麼主動進行發散思維就非常有必要了。

你可能需要放下手中的工作出去散散步，你可能需要找個人討論，總之就是要停止集中思維，先把想法放下，去期待發散思維。

現在再想想，所謂「發散思維」其實一點都不神祕。「發散思維」和「集中思維」無非就是人腦的兩種工作模式，都需要下工夫訓練才能發揮作用。

而以我來說，集中思維才是腦力工作者的本錢。只有集中思維才能掌握套路和抽象概念，才能讓你的腦子裡事先有個「答案區」。如果根本就沒有這個答案區，小球就算走遍全腦也沒用。

我們平時在學校接受教育，或者自己讀書自學，的確都是專注於集中思維，練的都是基本功。教育系統這麼做也有道理，因爲基本功特別容易考核！只要有大綱有套路，老師就容易出題，學生就容易備考，大家都方便。

學校教育的缺陷在於，如果只有這一身基本功而不會靈活運用，到了實際工作的時候，可能就發揮不出來。這就好像一個人的身體特別好，各種武術套路都會，但是沒打過仗。一旦眞跟人交手就可能缺少想像力，不會應對突發情況和不熟悉的局面。

可是，到底有多少人需要在工作中隨時面對突發情況和不熟悉的局面？大多數工作無非就是循規蹈矩而已。也許只有從事創造性工作的人，才需要發散思維。而且只要有了集中思維的基本功，想要發散一下其實並不難。

發散思維，不應該指望在學校學，而應該自己主動實踐。

而我們最重要的一個教訓，其實是每個人都應該學會合理使用自己的大腦。不要把大腦當成黑箱，不要以爲大腦有多神祕，要把大腦當成工具！根據不同情況主動切換集中思維和發散思維——關鍵字：主動。

那麼，怎樣才能發揮發散思維呢？

在網路上看過二〇〇四年的一場西洋棋快棋賽。著名的西洋棋大師加里．卡斯帕洛夫（Garry Kasparov）與一名小孩對弈。這名小孩是個神童，叫馬格努斯．卡爾森（Magnus Carlsen），他當時只有十三歲。後來卡斯帕洛夫成了卡爾森的教練，今天的卡爾森已經是二〇一三、二〇一四、二〇一六和二〇一八年的西洋棋世界冠軍得主，等級分排名第一。

在那場比賽中，卡斯帕洛夫正在非常專注地盯著棋盤思索，而小孩卡爾森起身離開了座位，他似乎想走兩步散散心。這場比賽的最後結果是平局——而且是卡斯帕洛夫求和。

卡爾森在場上散步不是因爲他坐累了，也不是在運用什麼心理戰術。他是在主動使用發散思維。

什麼都不想

前文提到，集中思維會產生定勢效應，容易使人陷入當局者迷的狀態。這時候如果主動使用發散思維，跳出圈外換個思路，最後往往能創造性地解決問題。

那怎麼跳出來呢？在提姆．哈福特（Tim Harford）的《亂，但是更好》（*Messy*）這本書裡有個辦法是「任意的震動」，也就是隨機地從外部尋找一個方向想問題。而在《大腦喜歡這樣學》這本書裡，歐克莉做了很多調查研究，她總結的一個辦法，是乾脆什麼都不想。

這是因爲發散思維有個重大特點——它可以在後臺無意識地運行！我們知道人的意識其實只是大腦中各種活動的一小部分，大腦中的神經元隨時都在做你沒有意識到的連結。有時候你明明沒有在想那個問題，卻突然獲得了靈感，也就是頭腦中的「小球」自己跑到答案所在的區域去了。

比如數學家張益唐想出孿生質數猜想證明的關鍵一步時，可沒有趴在桌子上做計算。據報導，張益唐當時在朋友家作客，朋友說你能不能幫我去後院看看有沒有鹿進來。張益唐就到後院邊抽菸邊散步，他想的是看看有沒有鹿，可是突然之間靈感就來了！

張益唐沒把這個靈感神祕化，他表示「好的靈感離不開長期思考的積澱」，這其實就是必須先有大量的集中思維在大腦中做好各種儲備。儲備的想法多了以後，大腦自動就會做各種連結，也許某個連結就把問題解決了。那一刻張益唐可能沒有主動思考，但是他的大腦從未停止思考。

這就是爲什麼我們經常聽到創新者說他們在散步、洗澡、看電影這些與工作無關的事情中會突然獲得靈感。以前我看史蒂文．強森（Steven Johnson）寫的《創意從何而來》（*Where Good Ideas Come From*）一書中也說過類似的道理，強森把這種發散思維獲得的靈感稱爲「慢直覺」（slow hunch），也就是說這個靈感不是輕易產生的，它要求你之前必須在這個問題上已經花費了大量的集中思考的時間。

歐克莉說我們在從事創造性工作的時候，應該交替使用集中思維和發散思維。集中思考一段時間後就去做點別的，主動停止思考，把問題交給潛意識一段時間。整個的思考過程就好像是用磚頭砌牆。集中思維是讓各種新想法新概念、各種套路在你的大腦裡生根發芽，是形成磚頭。而發散思維則是用水泥把磚頭連結在一起。只有水泥而沒有磚頭，或是只有磚頭但沒有水泥，兩者都不行。

歐克莉講了愛迪生（Thomas Edison）的例子。愛迪生進行發明創造需要靈感，而且他主動尋求靈感。他發現自己在半睡半醒之間最容易產生靈感，可是眞睡著了又容易把靈感忘了，怎麼辦呢？愛迪生的做法是半躺在椅子上小睡，手裡拿個球，一旦眞的睡著，手就會鬆開，球就會掉到地上發出聲響喚醒他！這時他就趕緊把剛才要睡還沒睡那一刻的想法記下來。

主動的發散思維，其實就是主動「不思考」。歐克莉說如果時間緊，比如在開會途中需要調整思路，像卡爾森下西洋棋那樣起來走幾步也可以，這招實在不行，哪怕閉一下眼睛也能有點幫助。

給點時間

所以發散思維其實就是給大腦時間去建立新連結的過程。我們學習新知識也需要把新東西和大腦裡已經有的東西連結起來，這也可以說是一種發散思維，當然也需要時間。人腦不像電腦的記憶體能瞬間記錄資訊，大腦是肉長的。這就好像砌牆，你有了磚頭和水泥，總要再給點時間讓水泥風乾了，牆才能結實。

這就是爲什麼我們第一次學習新技能的時候總覺得很彆扭，過段時間，哪怕是睡一覺或者隔一天不練，再拿起來感覺反而好多了。

這一小段「不練」的間隔期對大腦非常重要。歐克莉說這就好比練舉重，如果你每時每刻都舉重，你的肌肉就沒有辦法生長，總要停一段時間長肉。

我們學習各種技能，有時候會遇到一個短暫的停滯期。比如我記得當年我學開車，一開始進步神速，過了一段時間，雖然幾天內一直在練，但是水準不但沒提高，反而還下降了，怎麼開都彆扭，這就是停滯期。這個停滯期其實是大腦內部正忙著建立新連結的時期，不是沒有進步，是後臺正在重組！歐克莉的書中有人學鋼琴也有這樣的體會，一首很難的曲子練了幾個小時，怎麼練也練不好，睡一覺第二天自動就會了。

據此我們知道，**學習知識並不是愈快愈好。複雜的技能需要時間間隔**。

兩種工作記憶

講「刻意練習」時我曾提到過，現在心理學認爲人有兩種「工作記憶」。「短期工作記憶」相當於電腦記憶體，是完成一項具體工作的時候大腦隨時使用的記憶。「長期工作記憶」相當於硬碟，是我們平時的知識儲備。

人的短期工作記憶能力非常有限，現在的共識是一般人只能同時考慮四個東西。這四個東西最好都是跟當前要解決的問題有關，這就是爲什麼要保持專注。

所謂學習，就是把進入到大腦短期工作記憶的內容強化吸收，寫進長期工作記憶之中的過程。所謂創新，就是把長期工作記憶中的相關內容調出來，放在短期工作記憶裡和新資訊配合的過程。

集中思維，就是在此時此刻的短期工作記憶裡強化這個新資訊；而發散思維，就是短期工作記憶和長期工作記憶之間的通道。

我們有個說法叫「勞逸結合」，其實對腦力工作者來說，「勞逸結合」這個詞根本不適用。如果你以科學研究為生，你可能早就意識到了，科學家根本沒有真正休息的時候，我們每時每刻都在想問題。如果你不搞科學研究，但是經常跟科學家聊天的話，你可能會發現他有時候說著說著就恍神了——他又想到他的問題去了。我有個朋友就說：「搞物理的人不應該開手排車，因為我們在路上太容易恍神了。」我現在還有這個問題，有時候會不由自主地沉默，引起妻子不滿。

如果你真的深入到一個問題中去，表現出來就是心事重重，好像正在經歷什麼人生巨變一樣，你不想這個問題都不可能。也只有進入這樣的狀態，靈感才可能來找你。

所以主動切換集中思維和發散思維，對老百姓來說，難處也許在於怎麼專注於集中思維；對職業選手來說，關鍵卻在於學會暫時不思考。

第12章

如何「不」集中注意力？

你肯定已經聽過太多有關「集中注意力」的道理了，這篇我們說個同等重要的道理：如何「不」集中注意力。「注意力」是一種有限的資源，你要是不擅長不集中注意力，你就不會擅長集中注意力。

你大概聽說過，「意志力」可能是一種有限的資源。一個人不可能時刻嚴格地束縛自己，不能一天到晚緊繃著，必須是該休息還要休息，該放鬆還要放鬆。

「注意力」和「意志力」似乎有關係，我們強迫自己集中注意力的時候，必然要花費意志力。但據我理解，有些注意力是不需要意志力的，比如讀一本驚悚小說、參加一場重要比賽、和心儀的對象聊天，在這些活動中，人不由自主地就集中了注意力。

哈佛大學醫學院的兼職助理教授，同時也是訓練師和企業家的斯里尼．皮雷（Srini Pillay）在《哈佛商業評論》雜誌網站發表了一篇名爲〈你的大腦只有這麼多注意力〉（Your Brain Can Only Take So Much Focus）的文章。這篇文章是近期的研究綜述。研究表明，注意力也是一個有限的資源。當你集中注意力的時候，你就在消耗有關注意力的腦迴路——你可以把注意力想像成一種能量。注意力要是耗光了，你會變得容易衝動、不願意幫助別人、不願意與人合作，也不能做出正確決策。

所以注意力需要「養」。這使我想起古人說的所謂「閉目養神」，也許注意力就是這個「神」。

養神該怎麼養呢？我們每時每刻都在想事情，想停都停不下來，那什麼叫「不集中注意力」呢？這就引出一個重要概念——預設模式網路（default mode network）。

如果你查看一下電腦的運行情況，就會發現，只要不是正在做什麼特別大的計算，電腦的CPU並不是滿負荷運轉，可能九〇%以上的計算能力都處在閒置狀態。

這個閒置狀態的概念，也可以類比於人腦。讓你算一道題，做一件需要集中注意力的事情，你會感到有點累，這就是大腦處在某種任務狀態。如果當前沒有任何任務，什麼事情都不用做，你可以認定大腦處在閒置狀態，這就是「預設模式網路」。

但是人的大腦畢竟跟CPU不同，大腦的確一刻都不停息，就算現在沒有任何特定任務，我們也在胡思亂想。比如回顧一下過去、暢想一下未來、今天晚上吃什麼、明天玩什麼等等。所以就算處在預設模式網路，大腦也要消耗全身二〇%的能量。而做一項任務，我們只多消耗五%的能量。

據說，我們的大腦每天平均有四六．九%的時間都處於預設模式網路。

現在有些汽車，即便是停車熄火的狀態，有時候也會發出一些細微的聲音，據說是車上的電腦正在對各個部件進行檢測。人腦更是這樣。現在科學家對預設模式網路有了更多了解，在這個狀態中，大腦會重新發掘過去的記憶，在過去和未來之間暢想，並把不同的想法連結起來。

這種遙遠的連結，就是我們前文說過的「發散思維」，這也是創造力的來源。所以預設模式網路對人非常重要。而且不僅僅是創造力，預設模式網路還能讓我們獲得更強的自我意識，提升自己的「重要感」，同時還能使我們更理解別人，有利於與人合作。

這就是「不集中注意力」的好處。集中注意力相當於出去做事，預設模式網路則相當於回來盤點、反思，兩者顯然都是必須的。所以當你心不在焉、胡思亂想的時候，千萬不要有什麼罪惡感——這是一項有益身心的活動。

而且我們要主動開啓這個預設模式網路。請注意，看電視或看小說不算預設模式網路，因爲在這種活動中你仍然在使用注意力。追劇、上網這些活動根本不算休息，只會讓你更累。你必須不被任何外部資訊吸引，純粹是自己和自己閒聊才好。所以不見得要連吃飯或散步的時候都戴個耳機聽有聲書，留一點時間給預設模式網路吧！

放空的辦法

而在預設模式網路狀態下想一些特別負面的東西，愈想愈生氣，這也不好。那怎麼

「養神」最好呢？皮雷提出了三個辦法。

第一個辦法是做「積極的、有建設性的白日夢」（positive-constructive daydreaming，簡稱PCD）。這個概念不是皮雷拍腦袋的發明，這是一個現在科學家形成了共識的概念。科學家認爲，就算是胡思亂想也要有個原則和指引，如果能進入PCD狀態，那你就能讓大腦迅速恢復能量，增加創造力，甚至還能增加領導力。

首先，你要找個不需要費力的事情做。比如織毛衣、擺弄花草、散步之類的活動，目的是讓大腦放鬆下來，進入預設模式網路。

其次，不要想那些負面的東西，主動想點「好事」——好玩的事，例如在樹林裡穿梭、在遊艇上躺著，或者純粹是做白日夢，想想你期待的一個事情。

PCD是一種積極正面的預設模式網路，心理學家用餐具打了比方。注意力，就好像是叉子，你可以精確地選取某個想法。而PCD，就好像一把勺子或者一雙筷子。作爲勺子，它可以給你帶來一大堆過去的美好回憶，甚至是遙遠的回憶；作爲筷子，它可以把兩個遙遠的想法連結起來，帶來創造力。經常進入PCD狀態，你就能獲得更強的自我認同感，你的領導力也會隨之提升。

第二個辦法是小睡片刻。有研究表明打個十分鐘的盹就能讓人的精力更充沛，而你如果想要獲得增強的創造力，可以小睡九十分鐘。

第三個辦法是假裝自己是別人。這是當你有問題解決不了的時候用的辦法。比如文科生可以暫時假裝自己是個理科生，換個視角，胡思亂想一番，看看有沒有新思路。

透過前文的內容，你有沒有一個這樣的感覺：大腦就好像一輛汽車要換檔一樣，需要在各種不同狀態中切換。

據此我有個觀點：善於用腦的人，第一，他的狀態切換會更主動、更自由；第二，他能切換的狀態比別人多種。

這就好像我們玩《魔獸世界》遊戲，「戰士」這個職業有「防禦姿態」、「戰鬥姿態」、「狂暴姿態」等三種姿態。做不同的事時，要切換到不同的姿態才行。而且「狂暴姿態」還必須得升到三十級以後才能掌握。

也許將來腦科學進一步發展，可以提供一本《大腦使用說明書》，或者把它稱為《大腦升級指南》，詳細列舉大腦都有哪些狀態，怎樣練習才能「解鎖」高級的狀態。也許練習大腦就像武俠小說裡練「內功」一樣，每當工夫升級到新的高度，都能達到新的境界。

不過就算是現有的這些狀態也夠我們練習和追求的了！該集中就集中，該PCD就PCD，想進入心流就能心流，其疾如風，其徐如林，侵略如火，不動如山。這豈不是大腦的真正自由嗎？

這一篇我想探討一個可操作又比較高級的創新方法。我經常說所謂創造就是「想法的連結」，這一篇我要說的這種連結，比「山寨」高級得多，但是又不像各種突發奇想的神來之筆那樣難以操作。這個方法其實被創新者在各個地方大量使用，是他們日常都在做的事情，但是外行一般看不出來。

這個方法的特點是直接借鏡同行作品，但是不直接使用。

《西遊記》的奇妙想像

向你推薦一部奇幻小說，《西遊記》。而我推薦的是一個閱讀《西遊記》的新視角。我們小時候作爲中國文學作品的外行，讀《西遊記》總覺得這些故事實在匪夷所思，眞不知道吳承恩是怎麼想出來的？長大以後看到有無數的作品在模仿《西遊記》，就更覺得還是吳承恩厲害。可是吳承恩的奇妙想像都是從哪來的呢？

現代學者認爲《西遊記》並不是吳承恩一個人的作品，不過這不是重點。重點在於《西遊記》裡的很多故事並不是作者拍腦袋想出來的。魏風華寫過一本叫《唐朝的黑夜》的書，就提到《西遊記》中的一些故事可以在唐人筆記《酉陽雜俎》中找到原型。

比如孫悟空在車遲國和虎力大仙鬥法，自己的頭被砍下來也沒事的情節，就取材於《酉陽雜俎》中一個名爲「難陀」的印度僧人的故事。而鬥法這個情節本身，也很可能來自書中唐朝道士羅公遠和密宗大師不空和尚在唐玄宗面前鬥法的故事。

《酉陽雜俎》裡甚至還有一個關於蜘蛛精的故事。說有個叫蘇湛的人，被蜘蛛精迷惑，他的妻子和僕人去救他的時候，發現有隻巨大的黑蜘蛛用網把蘇湛給綁起來了，僕人用利刃割斷了蜘蛛網……這不就是《西遊記》裡的盤絲洞嗎？

關於吳承恩寫《西遊記》的靈感來源，南京財經大學的石鍾揚教授曾經進行過系統的考證，證明他的很多素材來自《禹鼎志》、《玄怪錄》和《酉陽雜俎》這些傳奇筆記。其實吳承恩自己也承認這一點，他在〈禹鼎志序〉一文中就曾經說過：「余幼年即好奇聞，在童子社學時，每偷市野言稗史……」他從小就整天讀野史和奇聞。

所以像《西遊記》這樣博大精深的傳世之作，絕不是一兩個作家坐在家裡激盪腦力就能寫出來的。吳承恩通讀各種傳奇筆記，融合佛教和道教的哲學，反映官場政治，把這些綜合在一起，才建構出一個龐大的神話體系。我懷疑他的寫作方法是先布局好這個體系，再安排大鬧天宮和取經故事。

《哈利波特》(*Harry Potter*)、《魔戒》(*The Lord of the Rings*)、《冰與火之歌》(*A Song of Ice and Fire*)其實也都是這樣。作家深入研究了歷史上眞實的戰爭和宮廷政治,把這些東西和傳統神話綜合在一起,換成別的時間、地點、人物,甚至人種,新故事的素材就出來了。

「蘋果」的借鏡

所以創造的基本技術是「借鏡」。賈伯斯(Steve Jobs)在一九九四年接受《連線》(*Wired*)雜誌採訪,談到了他對創造的理解:

> 創造就是把東西連結起來。如果你問有創造力的人是怎麼做出東西來的,他們會有一點罪惡感,因為他們並沒有真正「做」東西,他們只是能「看到」東西。一段時間之後,「怎麼做」就會變得非常明顯。這是因為他們能把自己的經驗和新東西綜合起來。他們擁有比別人更多的經驗,他們對自己的經驗想得更多。

在這篇古老的訪談裡,賈伯斯講了他對蘋果電腦市場定位的設計思想,也是借鏡的結果。我們知道蘋果電腦比基於微軟作業系統的個人電腦(PC)貴得多,而計算性能也沒有頂級配置的PC快，但是它的外觀設計和使用者體驗特別好。這種在價格、速度和使用者體驗之間的權衡選擇，其實是某個洗衣機教給賈伯斯的。

賈伯斯一家曾經花了很長時間研究市場，想買臺好洗衣機。他們發現歐洲生產的洗衣機比美國貨貴得多，而且洗衣服耗時更長，但是歐洲洗衣機的優點是用水少、洗出來的衣服更鬆軟，洗劑殘餘少。換句話說，歐洲洗衣機對美國洗衣機，就是蘋果電腦對那時基於微軟作業系統的PC。賈伯斯從歐洲洗衣機悟出的道理是使用者體驗比價格和速度更重要，而他悟出這個道理的過程是和家人連續兩週在晚餐餐桌上討論歐洲洗衣機。

蘋果的產品都有一種極簡但又時尚的風格，好像有種獨特的內涵，那這是橫空出世的天才發明嗎？其實這種風格也是借鏡的。你可以看看二十世紀三〇年代流行的烤麵包機、鐘錶和汽車，感覺像不像蘋果電腦？

當然蘋果有很多高級的借鏡。有人考證蘋果設計總監強尼・艾夫（Jonathan Ive）借鏡過羅馬尼亞雕塑家的作品，從糖果廠獲得過靈感，還曾經爲了設計輕薄型筆記型電腦Macbook Air而向一位日本鑄劍大師學習。

是不是蘋果這種借鏡特別厲害，所以蘋果是個特別有榮譽感的創新企業呢？其實蘋果也不介意直接借鏡同行——如果那也叫「借鏡」的話。二〇一一年蘋果發布iPad 2的同時，推出了一個可以覆蓋在螢幕上的「Smart Cover」，有人說這個東西是借鏡了浴缸蓋，是「來源於生活高於生活」。然而著名科技網站Engadget第一時間就發現了一個更直接的借鏡來源，Incase公司設計的「可摺疊封面」（Convertible Magazine Jacket），而且這個產品當初本來就是用來給平板電腦做外觀設計的。所以我不知道當賈伯斯說別人抄襲的時候，心裡是不是也有一點罪惡感。

由此可見，借鏡的水準有高有低，水準高的不容易看出來，水準低的讓人看出來就有點尷尬。比如六小齡童主演的一九八三年版《西遊記》電視劇，就被人看出來是借鏡了日本一九七八年的版本。日本版劇情比較荒唐，唐僧被改成了女的，在中國播了三集就停播了，但是日本版給中國一九八三年版帶來了大量啓發。當初一九八三年版一播給人一種偉大作品橫空出世的感覺，其實它的很多人物造型、特技使用和鏡頭設計都有抄襲日本版的嫌疑。就像孫悟空跟如來佛打賭最後被壓五行山這一段，連拍攝角度都跟日本版雷同。

但是這並不妨礙一九八三年版《西遊記》被稱爲經典。其實要說抄襲的話，莎士比亞（William Shakespeare）經常直接把同時期的小說家和詩人的作品拿過來加工一下變成自己的，借鏡水準還遠遠不如吳承恩。

創造，是想法的連結，某些創造是同類想法的直接連結。那爲什麼我們經常意識不到這一點，而總覺得有些想法是橫空出世呢？

這是因爲高明的發明人會故意不給別人留下他想法來源的線索。

這一篇的最後我們說一個數學家高斯（Johann C. F. Gauss）的典故。高斯是公認的天才數學家，是祖師爺等級的人物，他做出了很多匪夷所思的工作，別的數學家能看懂他的證明，但是完全想不出高斯是怎樣想到那些證明的。比如數學家阿貝爾（Niels H. Abel）就曾經抱怨，說高斯「就好像走過沙子的狐狸，用尾巴抹去自己所有的腳印」。

而高斯對此的回答是：「一個自重的建築師不會在蓋好的房子裡留下鷹架。」如果我們能看到每個發明背後的鷹架，也許這些發明就不會顯得那麼神奇了吧！

第14章

祕密項目

你知道前文提到的張益唐的其他故事嗎？他是北京大學數學系畢業的，二十世紀八〇年代到美國留學，跟的導師不是什麼了不起的人物，兩人關係也很一般。張益唐沒能早早取得數學界的承認，找不到研究數學的好職位，只好一直漂泊。有時候經濟狀況緊張，他還會去餐館打工當會計。

但是張益唐一直都在做自己的研究，而且是最高級的數學研究。那不是正式的工作，沒有經費也沒有報酬，沒有人問他在做什麼，但是他非做不可。終於有一天，張益唐完成了破解「孿生質數猜想」的關鍵一步，一鳴驚人。

在如今這個科學研究工作者愈來愈像木匠的時代，張益唐身上保持了古典式學者的氣質，是個傳奇中的孤膽英雄。

而多年前的某一天，我聽了張益唐的故事，心有所感，做了一個奇怪的夢。我夢見一個同事對我說：「每個人都有一個自己的祕密項目。我們白天上班做普通的研究，晚上回到家裡做祕密研究。」同事描述了他的祕密項目，然後問我：「你的祕密項目是什麼？」

我無法回答，驚醒了。

當時的我白天正全力以赴地做物理研究。夢中的我想的是張益唐那樣的祕密項目，那個我還眞沒有。但是我醒來之後想到，其實我也有一個祕密項目，只是不像張益唐的那麼厲害。我在寫書，是一本跟物理專業研究毫無關係的書。

我想說的是，你也應該有個祕密項目。這種感覺很好。

平時該上班時去上班，自己私下做一件大事。這個項目不是普通的業餘愛好，你非常嚴肅認眞，每天都取得進展，達到很高的水準。

白天的你是一個身分，晚上的你還有另一個身分。沒人眞正了解你，只有你自己知道你在做的是什麼……就好像地下黨員一樣，你說刺激不刺激？

爲什麼要有祕密項目？

那你可能會說，如果眞是好項目，爲什麼非得祕密地做呢？全職做不是更好？其實關鍵不是全職或兼職，而是你做這個項目時，要有一點「疏離感」。也就是說你不應該和一大幫人在一起湊熱鬧，應該自己獨立地做。

因爲疏離感能激發創造性。

有一本叫《怪人》（*Weird*）的書，作者是奧爾加・卡贊（Olga Khazan）。卡贊從小跟著家人以移民身分生活在美國，難以融入同學的「主流文化」，被視爲怪人。但是她發現，怪人其實也有優勢。書中論述了做怪人的種種好處，我最感興趣的，是怪人的創造性。

這本書所謂的怪人，是指沒有融入集體的人。用王小波的話說就是「特立獨行」的人。而有研究發現，不融入集體，能刺激一個人的特立獨行。

書中講到，約翰霍普金斯大學商學院的莎朗·金（Sharon Kim）有個實驗是這樣的：召集一幫受試者來做測試「創造性思維」的題目，比如說能不能發現詞彙之間的有趣聯繫，以及讓你畫一個非常不同於地球人長相的外星人，觀察你怎麼畫。

實驗中，有的受試者是來了就開始做題目；而有的受試者被給予了一個「你被孤立起來了」的心理暗示。實驗人員會特意告訴後者：「我們有分組，別人都分好組了，但因爲名額有限，所以你不是某組的成員，你自己做。」而事實上，根本就沒有什麼分組。

結果那些獲得孤立心理暗示的人，發揮了更大的創造性。他們的詞彙題分數更高不說，畫外星人更是放飛了自我。普通受試者畫的外星人大都沒有脫離各類「火星人」卡通形象，而「孤立者」卻能大膽想像：他們會讓外星人的胳膊、腿等等都長在身體的同一邊，讓眼睛長在鼻子下面。

孤立，能讓你更大膽地思考。

卡贊引用了一些統計，說明創造力強的人物，常常是有點疏離感的人。比如藝術家和作家，小時候常常都是被視爲有點怪、有點特殊的孩子。與普通建築師相比，最有創造性的建築師小時候常常是經常跟著父母搬家的孩子，他們在還沒熟悉一個地方的時候就搬到了另一個地方，內心永遠都覺得自己是所在街區的外來者。

像這樣的例子我也可以補充幾個。你也許知道量子力學的奠基者之一保羅・狄拉克（Paul Dirac）不愛熱鬧，但是你未必知道他爲什麼會這樣：狄拉克的童年很不幸福。

狄拉克出生在英國，但是他的父母都是瑞士人，是後來才移民去英國。狄拉克的父親是個法語老師，要求孩子們在家裡只能說法語。狄拉克不喜歡這個規定，他認爲自己無法用法語表達想說的話，於是他乾脆就不說話。狄拉克是在這種高壓家庭中長大的，他的哥哥甚至自殺。而哥哥自殺之後，狄拉克看到父母很傷心，才知道父母原來是愛孩子的。

愛因斯坦就更不用說了，不但從小與社會疏離，而且成爲物理學家之後，也跟整個物理學界疏離。物理學家楊振寧形容愛因斯坦是個「孤持」（apartness）的人，說這正是他做出偉大發現的一個必要條件。

你可以體會一下「孤持」這個詞。它和「孤獨」不一樣，孤獨可能是被動的，意指我喜歡熱鬧但沒人理我，因此我感到孤獨；而孤持則有一分主動的意味——孤獨，但是我堅持如此。

爲什麼孤持的人創造力強呢？卡贊引用一些研究說明，這是因爲「外來者」心態能給人帶來不一樣的視角。

比如說那些在一個國家出生，然後到另一個國家長大的孩子，因爲從小接觸兩種不同的文化，創造力就更強。你別看他們可能連當地語言都說得結結巴巴，更不知道當地最流行的通俗文化，但是他們更善於理解複雜問題，更善於處理互相矛盾的資訊，而且更善於應對不確定性。

創造是想法的連結，創造性活動本質上是一個混圈子的事情。而愈遙遠的連結，往往愈有意思。

外來者能提供一些來自邊緣的連結。他們可能不太擅長「融入」圈子，但是他們能幫著擴大圈子。愛因斯坦出生在德國，他最反感德國式的教育。狄拉克連逼他說法語的父親都能對付，長大之後從工程專業轉理論物理更是不在話下。愛因斯坦的第一份正經工作是在專利局當助理鑑定員，但是他私下研究物理學。狄拉克在大學中學的是電機工程，但是他最愛的科目是數學。

像這樣的人常常能讓身體在此處，心思在別處；他們一邊做著這個，一邊想的是那個。所以疏離的本質並不是玩不好那些大家都在玩的東西，而是自己另有一套東西在玩。但是你不能說專利局的工作和工程的學位耽誤了愛因斯坦和狄拉克。事實上他們多次表示，那一段一心二用的經歷對自己進行物理研究的幫助很大，他們獲得了獨特的眼光。所以也許應該說專利局的工作是愛因斯坦的祕密項目，工程學位是狄拉克的祕密項目。

如果一個人處處與人湊在一塊兒，哪裡熱鬧就去哪裡，有什麼新聞焦點他全知道，有什麼時髦的事情他必定跟進，這樣的人日子會過得很有意思，因爲他代表所在圈子的水準，但是他不能給這個圈子貢獻新東西。

如果一個人把所有時間都花在社群媒體上，你不能指望他給社群媒體貢獻什麼新的內容。我們最歡迎的是那些能從社群媒體之外弄來東西的人。同樣的道理，「得到」App 老師的學問並不是從這個 App 得來的。

所以哪怕你的主業就是你最感興趣的工作，你也應該在主業之外再弄個祕密項目。那個項目至少能讓你吸收圈外的營養。

孤獨者的好處

有時候僅僅做個孤獨者，乾脆不怎麼跟人交流，也能提高創造力。我在一篇叫〈孤島生產的天才〉的文章中，介紹過一個創新理論叫「基因漂變」（genetic drift）[15]。有時候因爲交流少，沒有互相模仿，反而多樣性更高。

以此說來，張益唐沒當全職數學家反而可能還是個好事。他不用擔心研究經費，不用跟風發表論文，不用找熱門課題湊熱鬧，不用處處模仿別人。他自己單獨做，反而做了別人不敢做的課題，找到了別人想不到的解法。

所以祕密項目的另一個好處是，因爲它是祕密的，你就不會跟那個圈子有太過密切的交流，你便能保留一些獨創性。

看看朋友分享的熱門文章都是什麼樣的，然後寫個類似的；看看市面上都有些什麼產品，然後弄個一樣的，那種人沒什麼出息。

祝你找到自己的祕密項目。面對流行笑而不語，私下練個大招。那也許是能讓你完成致命一擊的武器，也許是你最後的底牌。但更有可能，你一輩子都用不上它。

有這個項目在，你的感覺會很好。你再也不會感到孤獨，創造者的知己一般都不在本鄉本土：你和遠方的某些事物連結在一起。你比別人多了一重生活。你有一個難以與人言說的祕密。

藉著這個意境，咱們來欣賞一首詩，清朝黃景仁的〈癸巳除夕偶成〉：

千家笑語漏遲遲，憂患潛從物外知。悄立市橋人不識，一星如月看多時。

⓯ 基因漂變是可以和達爾文的自然選擇相並列的一個演化機制。自然選擇是說哪種基因突變能適應環境就保留下來，而不適應就淘汰，是環境決定演化。而基因漂變則是針對某些基因突變而言，環境若沒什麼意見，那就怎麼變都可以。比如個子的高矮，不能說他更適應環境，也不能說是不適應，就是一個特色而已。這種情況和自然選擇沒關係，純粹就是基因的隨機傳播、分叉造成多樣性。

第15章

創作者的悖論

電影《流浪地球》一度特別火爆，影集《權力遊戲》也曾再次引發熱議，不知道這些場面是否讓你心有所動，也想成為像劉慈欣和喬治・馬汀（George Martin）那般作家。

寫小說不是我的專長，但是我想跟你說說「創作」這件事。我沒寫過小說，可是我知道好小說有多難寫。進行創作有很多方法、技術、知識和套路，那些「術」你以後可以慢慢學——而這篇文章，咱們專門說說創作的「道」。

先假想，有一天，你終於成為一個成功的小說家。請問這兩個對未來的描述，最能激勵現在的你的，是哪一個？

第一個描述：你寫小說是半路出家。最初是一邊工作一邊寫作，每天都很辛苦，但是咬牙堅持下來了。家人給了你堅定的支持。或許第一部作品並不成功，但是你並不氣餒。潛心研究了劉慈欣、J・K・羅琳（J. K. Rowling）和喬治・馬汀的寫法，把西方流行文學的技巧和中國元素巧妙結合在一起，終於得到了讀者的認可。第二部作品得了雨果獎。第三部作品登上了暢銷書排行榜，剛剛被串流影片的片商買走了改編權。粉絲們正在翹首以待你傳說中的第四部作品。

第二個描述：在你出手之前，中國的流行文化是家庭倫理劇、宮鬥、權鬥、霸道總裁、流量鮮肉和對西方科幻、奇幻小說的拙劣模仿。你開創了一個新的小說類型和自己的幻想宇宙，筆下有很多我們前所未見的人物形象，你的行文風格獨樹一幟，連他鼓吹的價值觀都令人感到驚奇。

如果第一個描述更能激勵你，我很抱歉，你大概不適合從事創作工作。我建議你選個可靠點的職業，好好賺錢養家，把孩子教育好。如果你喜歡小說，你可以作為讀者來享受小說。也許你的子孫後代中會有人有創作資質，而你的任務是保留他出現的可能性，給他做些物質條件一類的準備。

你要說人人都可能發財，我完全贊同。但有人說人人都能當作家，我完全不同意。這個世界不需要寫作目標是取得第一個描述裡那些成就的作家。

以前有一種土味的民間故事，說某人從小家裡窮，經常受人欺負，還跟縣裡的財主有奪妻之恨，於是他頭懸梁錐刺股地發憤讀書，終於考上狀元，當了大官，不但報了仇還娶了當朝宰相的女兒……如果這種故事能激勵你，求你千萬別當大官。中國不需要這樣的大官，我估計宰相也不需要這樣的女婿。

歷史上真正當官當出水準的那些人，都不是為了娶宰相女兒，也不是為了給父母爭氣去當官的。他當官是要施展自己的理念。

創作的最大回報，就是施展了自己的理念。

第一種描述中的那些成就，叫作「外部激勵」，是別人對你的認可。第二種描述說的則是「內部激勵」，是你自己對自己的內在要求。外部激勵對很多簡單、普通的工作非常有效，但是進行創作並不是簡單工作。

有兩本講創作之「道」的新書，一本叫《唯一的觀眾》（*An Audience of One*），另一本叫《熱愛的悖論》（*The Passion Paradox*）。這兩本書都認爲，你要眞想搞好創作，必須依賴內部驅動。

激勵的危險性

爲什麼外部激勵不行呢？從需求面的角度來說，進行創作，並不是一個朝著某個方向拚命使勁就能成功的項目。創作是個悖論。

這個悖論多半是這樣——你要是一味地迎合市場，反而得不到市場；你要是不管別人怎麼評價，只做自己，反而可能引領市場。

請允許我打個粗俗的比方，這就如同現在流行的說法「工具人」和「女神」。工具人卑躬屈膝地去追求女神，可是女神根本都不正眼看他，最多也就拿他當個備胎。而那個讓女神又愛又恨的男朋友，可是一直都保留了尊嚴。

讓人又愛又恨的喬治．馬汀，是工具人還是男朋友？

這個道理是「喜歡等於熟悉加上意外」，女神要的不僅僅是暖男，你還得能給驚喜才行。外部激勵能讓你在「熟悉」這個項目上把一切都做「對」，但是提供不了意外。因爲當你爲了別人給的榮譽而把一切都做對的時候，你就已經喪失了個人榮譽感。

劉慈欣寫科幻小說的年代，中國的排行榜上並沒有科幻小說。喬治．馬汀之前的主流奇幻小說都是輔導級（其中包含部分家長可能認爲不適合十三歲以下兒童觀看的內容），過去從來沒有過動不動就把主要角色殘忍弄死這種寫法。J．K．羅琳並不是做了一大堆市場調查之後才構思《哈利波特》。你們愛看不看，他們想寫就寫。

而從供給面的角度來說，外部驅動會讓你陷入疲於奔命的狀態。當我們贏得某種獎勵的時候，我們的大腦會釋放多巴胺，這能給我們帶來快樂的感覺。但是這個感覺有兩個不好的地方。

一個是它非常短暫。每次勝利帶來的幸福感都是暫時的，你很快就會渴望下一次勝利，你永遠都別想「從此過上幸福的生活」。

另一個是，你會想要不斷加大劑量。沒錢的時候覺得百萬富翁就挺好，眞成了百萬富翁，你又會羨慕千萬富翁……你享受多巴胺刺激的臨界値會愈來愈高，你永遠都不會滿足。

這兩個效應跟吸毒好像沒什麼區別。羅伯．賴特（Robert Wright）在《令人神往的靜坐開悟》（*Why Buddhism Is True*）一書中表示，這其實是演化給我們的設定，目的是激勵我們永遠這麼奮鬥下去。這個不滿足，其實就是「苦」，就是dukkha[16]。

永遠這麼奮鬥下去，是真苦啊！你會過量工作，你會抱怨工作和生活的不平衡，你會身心俱疲。

更大的煩惱在於，你這麼努力奮鬥，而奮鬥的結果卻是你不可控的。有個作家其實根本就不會寫小說，可是他的書突然就紅了。你兢兢業業、扎扎實實地寫了一部得意之作，居然無人問津。然後轉眼一看那個作家又出了一部小說，更眼紅了。

其實誰也不知道女神到底是怎麼想的。失敗會讓你強迫自己更努力地工作，然後你會非常害怕下一次失敗。《熱愛的悖論》這本書考證，所謂「熱愛」（passion），這個詞在西方世界最早的意思，就是這種不正當的、自找苦吃的愛。

而把創作單純當作興趣愛好其實也不行。愛好的問題在於它很脆弱。第一次就贏牌的人可能會繼續打牌，那要是輸了呢？

創作事業對你真正的考驗在於，如果作品失敗了，你怎麼辦？用玩票心態創作的人，會在失敗的時候輕易放棄。而輕易放棄的人做不成任何大事。

你必須有韌性堅持下去。你還得有充分的耐心，花大量時間去做一些非常繁雜、看上去一點都不好玩的事情。

那這個創作之「道」，到底是什麼樣的態度呢？

創作的回報

《唯一的觀眾》這本書的建議是，你創作，應該是爲了滿足「自己」這個唯一的觀眾。不要問別人喜不喜歡，應該問自己喜不喜歡。

創作，最大的回報，是你有個設想，然後你親手把這個設想給實現了。

我聽說 J．K．羅琳當初寫《哈利波特》的緣起是這樣的：羅琳本來並不是個小說家，她曾寫過一些政論之類的文章，也並不成功。有一天她坐火車的時候，突然想到了一個男孩在魔法學校的故事，就好像被閃電擊中一樣，那個故事奔湧著，在她大腦裡展現出來。羅琳意識到她必須把這個故事寫下來，下了火車就趕緊找了個地方記錄想法。剩下的就都是技術問題了。

《哈利波特》第一集被退稿十幾次，我想羅琳沒有多麼在意。她想寫，就寫出來，自己滿意就行。

追求這個回報，其結果就是你完全可控的。

而創作的悖論是你不在乎市場，市場反而更有可能反應好。如果市場反應好，那對你來說最大的好消息，是你可以繼續從事創作。

⑯「苦」的巴利語（古代印度的一種通用俗語）。

《熱愛的悖論》則進一步用一個古希臘詞「eudaimonia」來說明創作者應該追求什麼。eudaimonia，指的是一種特殊的幸福，是透過從事某種有意義的活動，把自己的全部潛能都發揮出來。這可以說是終極的自我實現。

也許你身上眞有某種創作天賦。帶著這個天賦默默死去，是很遺憾的事情；能把這樣的天賦充分發揮出來，那就很幸福。

我認爲這個所謂充分發揮，應該包括給世界標上你的印記。你覺得世界只有現在這些作品還不夠，還缺你的那一類，然後你眞的把它創作出來了。

發揮永無止境，所以你不論成敗都要持續地完善自己。這樣你追求的不是外部給的結果，而是自我完善的過程。就算別人都不知道，只要你能感受到自己正在完善，或正在變成更好的人，你也會感到充實。

而到底是不是正在完善，只有你說了算。這樣創作對你來說就非常可控，你就不會陷入「苦」的境地。

所以我們眞正應該羨慕劉慈欣的不是他的作品賣了多少錢，而是他發明了「黑暗森林法則」、「降維打擊」這些東西。我認爲這兩個思想，包括《流浪地球》的全部設定都是錯的，但是劉慈欣發揮出來了，我不服不行。

只有內部驅動的創作才值得讚美。**你應該把創作本身當作目的，而不是當作取得別人獎勵的手段**。你說你考了狀元、得多少獎、出多少書，你的媽媽肯定很自豪，而我們眞不在乎。公共的注意力不是給你過小日子用的。

可是如果你發揮個性，給世界提供一個新鮮的視野，我們會作爲粉絲給你搖旗吶喊。

在眞實世界裡想要做點事，我們總是面對這樣的悖論。

你愈告訴自己要自然要無爲，就愈不像無爲；你忘了自己，反而實現了無爲。你愈刻意追求心流，就愈進不了心流；你專注於工作本身，忘記心流，恰恰就是心流狀態。你要把愛馬仕包包當作身分象徵，愛馬仕就擔心你拉低他家的品牌形象；你對愛馬仕不屑一顧，愛馬仕就希望你背他家的包。

如果不是這樣，世界豈不是太簡單、太直白、太乏味了嗎？

喪失人格不會追到女神，以我爲主的個性發揮才是創作的源泉。

第16章 修煉你的文化自覺

我聽單田芳的自傳《言歸正傳》簡直入了迷。書中有一段，說在特殊歷史時期，單田芳因爲受到迫害，不但不能從事說書的表演，連基本的生計和安全都成了問題，一家人顛沛流離。爲了謀生，單田芳跟人學了一個製作「水泡花」的手藝，在街頭販賣。

當時的中國幾乎沒有任何文化娛樂，水泡花這個東西雖然簡單，但賣得還不錯。別人一看老單家掙了錢，也想賣水泡花。單田芳一家都是熱心腸，就把水泡花的製作技術傳授給了幾個朋友。殊不知同行是冤家，後來這些人和單家爭奪同一個街口的水泡花市場，鬧得很不愉快。

我聽到這裡時非常感慨。單田芳出身藝術世家，做的從來都是「鼓槌一響，黃金萬兩」的事業，竟落得在這麼一個低端行業打拚，還弄了一齣「教會徒弟，餓死師父」的故事。

水泡花，別人一學就會，之後就能跟你競爭。而對比之下，單田芳的說書，則是一個高端的技藝，這表現在單田芳名滿天下，一生收了十幾個徒弟，竟然沒有一個能取得可見的成就。

所以有條件的人安身立命，寧可下苦工夫也得掌握一門高端技藝。如果你指望一個需要嚴防死守的東西能賺錢，那就不是眞正的稀缺，你也不會有安全感。高端技藝都是像單田芳的說書藝術這樣：沒有祕密，就算明明白白把配方寫成書，別人也拿不走，甚至手把手地教都教不會。

像這樣的工夫，至少有三個東西是別人拿不走的。一個是天賦，一個是刻意練習。而我這篇想說的是另外一個東西，「文化自覺」。

泰德的故事

二十世紀八〇年代，美國亞利桑那州有個錄影帶出租店，出租店的店員是一個叫泰德．薩蘭多斯（Ted Sarandos）的青年。泰德家庭條件不好，父母無暇照顧他，他從小最大的樂趣是到奶奶家看電視，聽奶奶講明星們的八卦。正是因爲太愛看電影，泰德輟學，在錄影帶出租店打工。

亞利桑那州在美國算是偏遠地區，可是在這間錄影帶出租店裡，卻有一個絕對領先於時代的文化場面。

顧客們並不像在別的出租店一樣自己挑了錄影帶走人。他們會排起很長的隊伍，一個一個等著和十八歲的泰德說幾句話。顧客會告訴泰德自己喜歡的電影。然後泰德會告訴他，如果你喜歡這幾部片子，那你也應該喜歡這部片。

泰德，是二十世紀八〇年代的電影推薦引擎。

這位泰德·薩蘭多斯，是現在影片串流平臺網飛的內容總監，是他領著網飛製作原創影集，《怪奇物語》（*Stranger Things*）、《勁爆女子監獄》（*Orange Is the New Black*）這些得了艾美獎的片子就是泰德促成的項目。

泰德的故事來自一本二〇一八年出版的書，《尋找創意甜蜜點》（*The Creative Curve*），作者是亞倫·甘奈特（Allen Gannett）。甘奈特採訪了很多有創造力的人物、創業者，還有研究創造力和創業者的科學家。

甘奈特把泰德的這個本事，叫作「cultural awareness」，借用社會學者費孝通發明的一個名詞，我們把它稱爲「文化自覺」。

文化自覺不是「品味」。**品味，是你自己喜歡什麼東西；而文化自覺，是你知道現在別人都喜歡什麼東西**。品味能提升你的生活品質，而文化自覺能允許你從事一門創造性的事業。

泰德說當年那個錄影帶出租店對他而言，既是電影學院又是MBA課程。他理解電影，理解導演和演員，而且他理解觀眾。他看一眼就知道什麼東西是觀眾熟悉的，什麼東西好，什麼東西老套，什麼東西是新的。他知道每部影劇中的每個元素在潮流中的位置。

前文提過一個公式——「喜歡，等於熟悉加上意外」。太新的事物，人們無法接受；太俗套，人們覺得沒意思。泰德能把握住創意曲線上熟悉和意外的精妙尺度，他說：「這個內容必須是一隻腳站在熟悉，一隻腳站在一個特別新鮮、未知和新穎的東西上。」

泰德看過出租店裡所有的錄影帶。他至今每天至少要看四個小時的影視劇。文化自覺，是一個需要持續修煉的工夫。

文化自覺的用處

文化自覺有兩個用處。第一個用處是「模式識別」。

甘奈特的書裡介紹了一位專門研究創業者的心理學家，羅伯特·拜倫（Robert Baron）。拜倫教授最感興趣的是那些連續創業連續取得成功的企業家是怎麼識別好的商業機會的，拜倫得到的答案就是利用模式識別。

根據拜倫的理論，模式識別有兩個境界。第一道境界是提取「原型」（prototype）。比如你要透過面試來錄取一位優秀的工程師，所謂「原型」，就是你心目中優秀工程師應該有的特徵。你可能要求優秀工程師必須掌握現在流行的幾個程式設計語言，必須擁有走在前端知識，或必須思路清晰、頭腦縝密細緻，甚至必須有良好的程式設計習慣，善於與人合作，能按時完成任務等。你可能還爲此專門讀過〈優秀工程師的十個習慣〉、〈優秀工程師的七大特徵〉之類的文章。

但是這些食譜和武功祕笈式的知識並不能讓你得心應手。好東西的大部分特徵都很難量化，你無從準確判斷。特別是像投資者選項目，可能小心翼翼、慢慢思考，仍經常判斷錯誤。

但如果你累積足夠多的經驗，與很多優秀的和不優秀的工程師合作過，見識過職場中各種各樣的人物，參與過很多成功和失敗的創業項目，你就會進入模式識別的第二道境界。

第二道境界叫「範例」（exemplar）。來了一位應聘者，你剛跟他聊了幾句，就感覺他特別像你認識的一位優秀工程師。你立即就判斷這人可用，結果出來果然行。那個你認識的優秀工程師，就是你頭腦中的一個範例。

你知道的範例愈多，你的識別能力就愈強，識別速度也就愈快，你會愈來愈依賴範例識別。在別人眼中，這是一位很有特點、有品味、有個性的產品經理，而在你眼中，這位是「賈伯斯」。

我理解範例識別有一些說不清道不明的東西，它屬於「意義建構」，不像提取原型那樣有明確的判斷規則。比如二十世紀六〇年代，美國有人認爲某個電影是非法淫穢作品，要求禁映。官司打到最高法院，問題最後變成了到底怎麼定義「淫穢」。美國最高法院一個大法官判定那部電影不是淫穢作品，而他給的理由很有意思——他說我也不知道怎麼定義淫穢，但「我要是看到了，我就能看出來」（原文是「I know it when I see it」）。這句話現在已經成了「成語」。根據拜倫的理論，這位大法官得看過很多那種作品才能有那樣的判斷力。

成功的連續創業者判斷一個項目好不好，用的就是範例。比如一個創業者偶然走進一家鮮花店，他發現鮮花賣得很貴，他馬上想到，這不正好是網路銷售的機會嗎？在網上賣東西的成功模式，不就是取消批發商，讓生產者直接跟消費者交易嗎？結果這就是一個有價值的機會。

文化自覺的第二個用處是給你發揮創造力，累積資源。前文多次提到，所謂創造，就是「想法的連結」。把一個領域的某個元素借鑑到新的領域去，這就是創造。甘奈特在書中介紹了威斯康辛大學研究者愛德華・巴登（Edward Bowden）對這種創造性連結的研究成果。

巴登招募一批受試者做文字遊戲的實驗，同時觀察他們大腦的變化。有時候受試者是透過邏輯推理解決問題，有時候則是透過創造性的「閃念」、「啊哈」一聲突然看到答案。

巴登發現，這兩種解決問題的方法，在大腦中的思考過程完全不同。邏輯推理解題沒什麼戲劇性。而在這個「啊哈」時刻發生之前的〇・三秒，大腦會發出一個強烈的 γ 波，研究者能精確判斷受試者什麼時候恍然大悟。不但如此，「啊哈」時刻還特別發生在右腦，這裡面潛意識思維非常活躍。前文也說過類似的道理。

也就是說，所謂的「靈光乍現」，其實是人腦在潛意識中，把距離比較遠的兩個東西建立了一個連結。因爲之前的活動都是潛意識，當事人自己往往意識不到思維過程，還以爲靈感都來得很神祕。

其實是你的頭腦中已經儲存了大量的素材資源，你才有可能建立這種連結。

我們的大腦在日常生活中通常並不怎麼警覺。比如你到餐館吃飯，可能一直到吃完離開，都不會注意過自己坐的椅子是什麼樣。但是由於進化，大腦對兩件事情特別敏感，因爲這兩件事直接關乎我們的安全，關乎我們得到獎勵的機會。

一個是「熟悉」。如果餐館的椅子跟你家飯桌用的椅子一模一樣，你肯定就會注意到。再比如你跟很多人在一個大廳裡聊天，本來你不會注意旁邊的人群在聊什麼，但如果其中有人提到你的名字，你就很容易注意到。

另一個是「新」。如果餐館的椅子特別與眾不同，你從來沒見過那樣奇怪的椅子，你肯定也會注意到。

熟悉和意外。熟悉得特別熟悉，意外得非常意外，才能讓人印象深刻。擁有了文化自覺，你才能對熟悉和意外有更高的敏感度。

甘奈特採訪了大量以創造力聞名的人物，他總結了一個「二〇%」的原則。甘奈特說，爲了建立和保持文化自覺，你必須每天用二〇%的清醒時間吸收自己領域的東西。

如果你每天睡五、六個小時，這就意味著你清醒時要用差不多四個小時吸收。甘奈特採訪的那些創造力人物全都是這樣。如果你是作家，你要用四個小時讀別人寫的新小說。如果你是廚師，你要用四個小時研究現在有什麼新菜，到各個餐館試吃，參加各種美食節。設計師、音樂家、網路主播等一切需要創造的工作，都需要用二〇%的清醒時間吸收。

每天二〇%，不練你就跟不上時代的文化自覺。那你說現代人每天都看四個小時的影劇，是不是每個人都適合從事影視創作呢？當然不是。**修煉文化自覺得是有意為之，不是看自己喜歡的東西，得什麼都看，了解現在有的一切東西，了解別人喜歡什麼**。

我們可以借用「刻意練習」這個詞，把文化自覺的修煉稱為「刻意吸收」。

單田芳創作的說書段子之多，在所有說書藝人之中可以說是首屈一指。但是我聽他的自傳，感覺他除了現場演出觀察觀眾反應之外，並沒有花很多時間刻意吸收別人的作品。這可能是因為說書行業仍然屬於傳統，還沒有過渡到現代。畢竟中國文化市場的競爭激烈程度遠遠不及美國。

單田芳是老一輩人，可是他講了很多新書。而我看現在有些年輕的說書藝人還在講《雍正劍俠圖》。他們如果能修煉一點文化自覺，就不會整天抱著祖師爺教的那點玩意兒不放了。

PART4

策略第四

第17章

「自學」的學問

物理學家史蒂芬·霍金（Stephen Hawking）的大學是在牛津上的，他十七歲入學，只用了三年就畢業了。牛津的教學和一般的大學不太一樣，並不是什麼內容都在課堂上講，經常是教授指定一本物理書中的一章，讓學生回去自己學。我沒聽說過霍金對當初教他的老師有什麼感激之詞，但是他的兩位老師對霍金印象深刻。

派屈克·桑德斯（Patrick Sanders）教授曾經要求霍金讀一本講統計物理學的書並且做習題。過了一週霍金來見他，沒交習題作業，但是帶來了「標出所有錯誤的那本書」。桑德斯教授說：「我在那時候就很清楚，他對這課程比我了解得還多。」

不過霍金完成了羅布·惠特曼（Rob Whiteman）教授給他的所有習題。而惠特曼教授對指導霍金的感想是：「我想我真正的作用只是監督他學習物理的進度。我不能自誇曾經教過他任何東西。」

當然，你不是霍金，我也不是。而我想說的並不是霍金有多聰明，而是他的學習態度和學習方法。

態度是以「我」爲主，方法是自學。

自學是大勢所趨

我認爲我們對「自學」這種行爲的看法需要改變。

傳統上人們認爲自學這種非組織的個人行爲是對正規學習的補充，有點艱苦，還有點悲壯，是個沒辦法的辦法。說某人「自學成材」，就等於說他是個非科班出身的邊緣人士，他的水準沒有經過認證，也許只是個業餘愛好者。

但那是以前。學習方法和學習媒介很有關係，學習媒介現在很自由。

在中國的竹簡時代，書是一種特別貴的東西，別說自學，普通人想「上學」都沒可能。貴族「詩書傳家」，傳下來的是眞的書。

後來有了印刷術，普通人上私塾終於成爲可能。但因爲經典都是依賴竹簡而形成的文言文，沒有高水準老師教，肯定還是不行。

近代的書變得特別便宜，內容也都是簡單的白話文，經過幾年訓練，水準一般的人也可以給孩子當老師，有制度的學校教育才得以開展。好幾十個學生老老實實地坐在教室裡聽老師講課，每個學校裡老師講的內容還都是一樣的，這其實是大規模普及教育特有的模式。但是因爲我們都是從小就這麼學，我們以爲學習就應該是這樣。但學習爲什麼非得這樣呢？

以前的聖賢，像孔子和柏拉圖帶徒弟，用的可是「你一句，我一句」的對話式教學法。手把手地教，隨時給回饋，這才是最好的教學。而像皇太子讀書，那更是好幾個老師教一個學生。高級教學的要點是以學生爲主，而不是以老師爲主。

現在人們對制度化學習這種做法的反思已經愈來愈多了。陶德・羅斯（Todd Rose）的《終結平庸》（*The End of Average*）這本書就對標準化教育的邏輯做過一番計較。二〇一八年美國還出了一本更激進的書，叫《反對教育的理由》（*The Case Against Education*），作者喬治梅森大學（George Mason University）的布萊恩・卡普蘭（Bryan Caplan）教授甚至認爲，整個現代教育系統根本就是在浪費時間和金錢。

當然，要想實施最理想的教育，讓教育眞正以學生爲主，的確也不現實，我們沒有那麼多好老師。可是就算不能讓老師以學生爲主，最起碼也應該讓學生以自己爲主才對。以我之見，只要獲取資訊足夠方便，學生本人足夠自立，那麼自學，就是最根本的學習方法。

現在是網路時代，你基本上可以很容易地得到談論各式課題、包含各種難度和層次的任一本書，而且你是一個足夠自立的人，所以你應該以自學爲主。

自學的好處

你有沒有一種感覺，一個人老老實實地坐在電視機前看節目，這個場景挺傻的。你完全可以一邊吃飯一邊看，一邊跑步一邊看，或者一邊玩手機一邊看，但要是「純」看電視，你可能就太給那個節目面子了。

而反過來說，我讀書的時候，就純讀書。哪怕讀的是網路小說，我也從不一心二用。我認爲這個根本區別不是內容不一樣，而是形式不一樣。

讀書時，你可以自己控制節奏。簡單的地方讀快一點，複雜的思想就慢慢品味；沒意思的可以馬上跳過，讀到後面想起前面來還可以返回去。閱讀，是一種以我爲主的變速運動。

而看電視卻是「播放」，本質上是個被動的行爲。就好像坐車一樣，被動行爲很容易讓人睡著。我希望將來電腦介面技術成熟了，能允許人用意念控制影片的播放速度，就好像閱讀和開車一樣。現在所謂的倍速播放，或者用滑鼠跳來跳去，非常麻煩。

那麼課堂教學是什麼呢？是沒有快轉鍵、不允許跳躍的影片播放。老師要求全班同學步調一致，而他的步調，是參照水準中等偏下的同學來設定的。如果老師善於教學，還可以進行一些互動環節，或者講講自己對教學內容的獨特理解，想辦法讓學生保持興奮。而如果老師教學能力一般，那上課就如同聽長官做報告一樣——也是照著稿子念，而我們手裡就拿著報告，這個儀式還有什麼意思呢？

堅持四十五分鐘全神貫注聽講是不正常的事情，課堂教學是一種壓迫式的學習方法。我們對制度化學校教育的一切批評，好比學生害怕老師，學生沒有創造性，學生有厭學情緒，大考一結束就把書全扔了，可能追根究柢都是因為它是一個被動式的教育。

一個人要想過得幸福，必須對生活有一定的控制感。自學最有控制感。

你自己決定學什麼，自己選擇學習材料，自己掌控學習節奏，自己把關學習成效。很多老師和家長都愛說把「要我學」變成「我要學」，殊不知只要是跟著體制走就一定是「要我學」，只有自學才是「我要學」。

在美國，有的大學開始進行一些更傾向於自學的改革。比如基礎物理課：既然現在網路公開課那麼多，就改成讓學生自己回去透過看公開課，或者透過讀書進行自學，在課堂上，老師只領著學生做實驗和做練習，完成答疑解惑的部分。

也許在這個時代，課堂教學就不該是學校的主要作用了。學生們應該以自學為體，以學校為用。學校可以像霍金的老師那樣，監督學習進度。學校需要組織考試，頒發畢業證書，提供一個能在社會上競爭的信號。學校還是一個讓師生聚在一起切磋技藝、交流心得的地方，也許社交才是上學的主要功能。

自學不受環境、時間、金錢和年齡的限制。只要你心智成熟，就可以隨時開始自學。但是你得心智成熟。

自學的準備條件

英文裡稱呼「自學者」有個很好聽的詞，叫「autodidact」。一個autodidact不是我們說的「自學成材」那種輕量級的自學者，而是能讓人肅然起敬的智者。

想要自學，首先得會「自教」。選擇什麼樣的教材？訂定什麼樣的教學目標？你得有點自主能力才行。

美國教育家蘇珊·克魯格（Susan Kruger）提出了「成功教育金字塔」理論，認為「學習」這個活動本身，是教育金字塔塔尖上的行為。而要想成功學習，你必須先準備好金字塔下方的兩個基座才行。這兩個基座分別是「自信」和「自我管理能力」（如圖17-1）。

圖 17-1

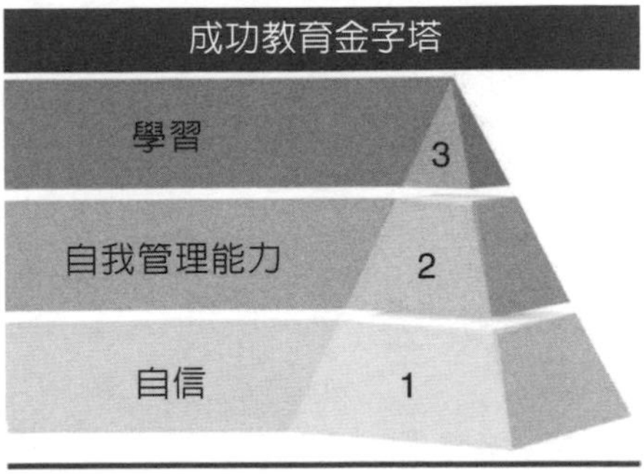

首先得有自信。人在面對威脅的時候會讓身體和頭腦都進入封閉狀態，那是無法學習新東西。你面對學習材料得有足夠的信心才行。

我認為這個自信心來自文本能力。有的人一看書就頭暈，有的人見到書卻如魚得水。也許從小讀些小說之類的東西可以培養對文本資訊的親近感，不過學習類的文本和小說還是有本質上的區別。給一本書，你得非常相信自己能從這裡面得到想要的東西才行。

其次，你得有自我管理的能力。這些能力包括現代人很愛說的意志力、自控力、時間管理等能力，還包括組織、計畫和安排自己行動的能力，以及與人交流的能力。

你想學某個東西，能不能自己調查一下用哪本書，把相關的材料都準備好，自己弄個資料夾組織所有的學習資料和練習內容，訂定一個學習計畫，安排好每天學習的時段，最好還能把學習成果列成一份報告？你能不能養成良好的習慣，該學的時候就學，從不拖延呢？你能不能做自己的教練，經常考核自己的水準、監測自己的精神和身體狀態呢？

這些都屬於「軟技能」。克魯格引用研究，針對名列《財星》（*Fortune*）雜誌五百大公司執行長的調查表明，他們七五％的職業成功都來自軟技能，而只有二五％來自專業技能。

做好這些準備以後，才是真正的學習。

自學的方法

納西姆．塔雷伯出身黎巴嫩名門望族，祖父一代位高權重。他的父親是黎巴嫩的全國高考狀元，名字上過報紙。不過老塔雷伯對自己的狀元身分非常不以爲然，因爲他不是全班最有出息的學生。老塔雷伯畢業於一所耶穌會精英高中。他們班的倒數第一名白手起家經商，成了全班最成功的人；另一個班裡排名墊底的學生，去非洲銷售木材，在四十歲之前實現了財務自由，然後去做了歷史學家。

老塔雷伯很感慨，對商人和學者這兩個職業來說，實際地位跟狀元之類的東西眞沒什麼關係。所以老塔雷伯沒有送兒子進精英高中，他對兒子有更高的期待。他給了小塔雷伯兩個選擇——要麼就去搞錢，要麼就去搞文化。

小塔雷伯選擇了文化。他認爲學校裡教的太窄也太淺，決定不再追求優異成績，只花最小的力氣取得學位。他把大量時間用於自學，他每週閱讀三十到六十個小時——和一般人的日常工作時間差不多，而且專門讀西方經典。先是文學，然後是數學和科學，然後是歷史和哲學。

小塔雷伯十八歲移民美國，繼續這種馬拉松式的讀書，而這並沒耽誤他拿到巴黎大學的本科學位和華頓商學院的MBA。在華頓商學院，小塔雷伯被機率和風險管理課程吸引，他感覺到老師有些東西沒講明白。比如有些極端的「小機率」事件，用流行的「六標準差」分析是不對的，可是他自己沒有掌握更好的數學工具。於是他做了一個非常極端的決定。

他跑到書店，訂購了幾乎所有書名中包含「機率」和「隨機」字樣的書。他不上課、不看報紙，也不看文學了，只讀這些書。他用了五年時間專心研究隨機現象。這段時間奠定了他一生的事業。他成了一個證券交易員，同時還在紐約大學有個研究職位。因爲他寫的一本書，現在人們把極端的小機率事件稱爲「黑天鵝」。

納西姆．塔雷伯是一個自學者。

自學於文本

並不是所有人都適合自學。前文提到，自學需要自信心和自我管理兩方面的準備。進入具體的自學方法，自學成敗的關鍵，在於你是否善於處理文本資訊。

理解文本的能力是個基本功，就好像練武要練馬步一樣，需要用大量的閱讀時間累積出來才行。最起碼你面對文字得有一種親切感，才談得上後面的操作。我們可以把文本工夫分成三級。

第一級，是閱讀一段文字，或者聽一節課，你能不能抓住它的要點。

這是最基本的基本功。聽起來並不難，但是請注意，這是一個非常主觀的行爲。你能看出來什麼要點，取決於你腦子裡已經有了什麼東西，和你當前的視角。有人讀《紅樓夢》讀的是愛情，有人看的是政治，還有人看的是食譜。其實看什麼都可以，你能看出東西來，與自己的東西發生連結，就算有工夫。

練習這個工夫的方法是記筆記。而在這一步，更簡單的方法是使用所謂「康乃爾筆記法」。把一張紙分爲左、右、下三欄，如圖17-2所示。

圖 17-2

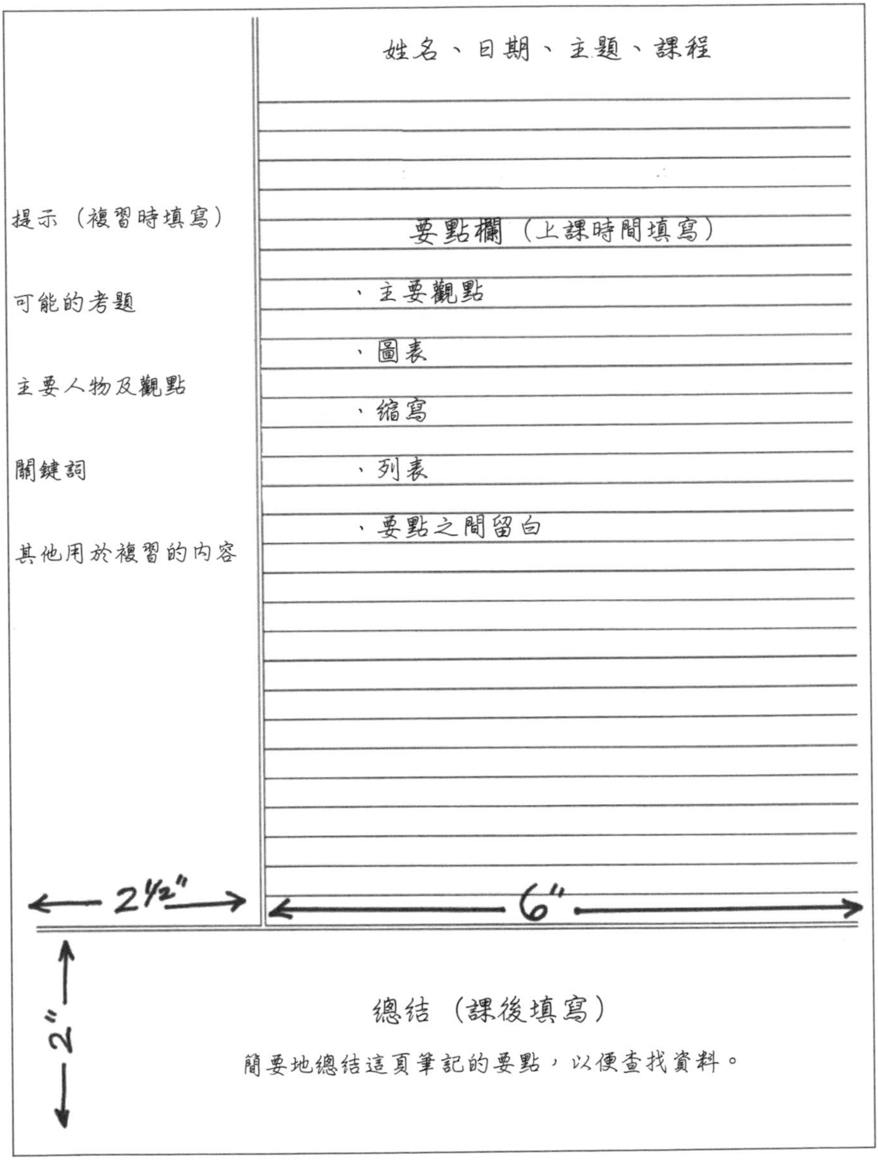
姓名、日期、主題、課程
提示（複習時填寫）
可能的考題
主要人物及觀點
關鍵詞
其他用於複習的內容
要點欄（上課時間填寫）
、主要觀點
、圖表
、縮寫
、列表
、要點之間留白
2½"
6"
2"
總結（課後填寫）
簡要地總結這頁筆記的要點，以便查找資料。

讀書或者聽課的時候，在右欄記下你領悟的「要點」，複習的時候在左欄的相應位置寫下「提示」，在下邊欄中寫下「總結」。注意，一定要使用自己的語言，最好跟自己已經會的東西發生連結。

這個方法能幫助你把資訊變成長期記憶。要做到看見提示能想起來要點，看見總結能背出來線索。做到這一步，就算把一本書「從厚讀到薄」了。

第二級，是有一個問題，你能不能從一堆書裡找到答案。

一個問題要是用搜尋引擎就能解決，那就太簡單了。我們關注的是你在學業中自發地冒出來的大問題。比如你用一本中國出版的教科書學量子力學，公式和習題你都會了，但是你感覺自己沒有搞清楚「測不準原理」（uncertainty principle）這個概念，那你怎麼辦？

你應該看看別的書是怎麼講的。別被課本限制住，只有那些建制派才在意課本。課本只是指向月亮的一根手指，我們追求的是月亮本身，多參考幾根手指更容易定位。

有時候你會驚訝地發現，像「測不準原理」這麼基本的概念，在不同的書裡，講法都不一樣，而有的書明顯講錯了！這能讓你收穫一股巨大的自信力！你的見識，超過了那個作者。

第三級，是建立自己的系統。

知識是個系統。而作為自學者，你的個人知識系統應該是具體的，也就是說你得把它寫下來。你應該對每個課題都準備一個筆記本，根據自己的思路劃分章節和專題，用自己的語言整理好所有要點、心得和應用技巧。

這個系統是你自己的，而你的關注點跟別人完全不同，所以沒必要事事無分大小地總結你認爲沒意思的知識點。不要平淡的廢話，不要花俏的心智圖，要字字見血直指人心。

但是這個系統得有一定的完備性。最好從學習一開始就有所規畫，這門學問有哪些要點和問題，你要得到什麼，相當於給自己的一個教學大綱。

完備性的好處是能讓你發現系統的漏洞。就好像武俠小說裡練武練到一定程度發現自己還有罩門一樣，你需要另外再想辦法彌補。系統要不斷地增長。

面對一個形成實體的系統，你會有一種強烈的成就感。我上大學的時候有好幾個筆記本。爲了準備GRE物理專項考試，我還弄了一個綜合所有課程的複習要點手冊。那個手冊其實對別人沒用，但我當時的自我成就感實在太強，以至於專門讓印刷廠把它裝訂成了一本小書的樣子。

有了系統，你在文本意義上的學習就算差不多了。但是文本學習還遠遠不夠。

自學於操作

我們學習並不是爲了一講話能說出一二三四、ABCD，擺出個有學問的形象。我們學習是爲了應用。你需要在實踐中得到回饋。

自學，是以我爲主的學習，而不是「自己一個人」學習。你需要找人切磋，參加一個什麼測試甚至比賽，和人過過招，才知道自己學得到底怎麼樣。

現在人們對網路公開課的一個詬病，就在於它在「回饋」這方面往往不如線下課程。不過，考慮到大多數人在學校裡也沒有得到太多回饋，我倒是覺得爲了網路公開課的高效率而犧牲一點回饋機會是值得的。但是你仍然需要回饋。

而且你不需要等到實際工作才能獲得回饋，你至少可以把自己的作品放在網上讓人看看。像數學和程式設計這樣的項目特別適合自學，因爲自己到底會不會、到底做得對不對，你立即就能知道。習題答案和電腦運行結果就是給你的回饋。

我兒子上了個奧林匹克數學班——在美國，各種奧林匹克數學活動都是合法的。這個班每週只有一小時的課，老師出的作業也不多。但就是這樣，還有些家長說孩子只是來享受數學，並不跟著參加比賽。我對此不太理解。

數學和程式設計不是文化欣賞項目。對於一個嚴肅的學習者，這些是訓練項目。上課只是提供一個交流平臺，可能還有點儀式感，眞正的工夫都在自己的練習之中。你的信心和水準只能在每一次成功解題和程式成功運行中提高。

眞正的工程師不可能去專門報個班學習一種新的程式設計語言。我看工程師都是在實踐中學習的，是先有一個需求，現用現學。

現用現學，聽起來有點不可靠，但這才是最原始的學習衝動和最實在的學習行爲——

我要用，我不會，那我就學吧！

科學研究中的常態是這樣的。比如做某個研究，我們需要用到一個叫作 Matlab 的數學程式設計語言。你沒用過 Matlab，這不是藉口，而且我們等不了你去上 Matlab 的課程。你要做的是上網找個最簡單的教學，現用現學，先把這個問題對付過去再說。

現在人們對 YouTube 的一個用法，就是當你不會做某事時，就上去參考別人做這件事的影片。我就曾經跟著 YouTube 影片疏通廚房水槽的水管，還給汽車換了個車門把手。

這種自學可以說是「自學於無形」，不需要什麼儀式，沒有那麼多情緒波動，我們需要用什麼就能學什麼，學什麼就能會什麼。這豈不就等於說，沒有我們不會的東西了嗎？

而反過來說，大多數人學英語最大的問題恰恰是學而不用，把學英語變成了健身項目和行為藝術。

我有個朋友告訴我一個離奇的故事。在清華大學，有一個美國留學生和一個韓國留學生相愛了。美國人不會說韓語，韓國人的英語也不行，結果這兩人居然對照著中文字典談戀愛。我覺得這個故事能激勵你在實踐中自學。

從自學到精通

一個需要什麼就能學什麼、學什麼就能會什麼的人，必定是一個自主性高的人。他對生活有強烈的掌控感，無所畏懼，遊刃有餘，寵辱不驚。這個自學者的氣質比任何學歷證書都更令人尊敬，比財務自由更令人羨慕。

終身學習是一種修行。一個自學者，修行的不僅僅是某個具體的技能，更是人格的自我完善，是自身潛能的最大發揮，是特殊的幸福「eudaimonia」。

修行者都講內部驅動，但我認爲外部驅動也是不可少。以我之見，自學者所應當追求的最高級外部驅動，叫作「mastery」。這個詞通常被翻譯成「精通」，但它可不是一般意義上的精通。達到 mastery，意味著你對這個領域具有「統治力」。

納西姆．塔雷伯用五年時間擁有了對「風險」這個領域的統治力。現在全世界沒人能跟塔雷伯平等辯論有關風險的問題，連預測界的大人物奈特．席弗（Nate Silver）都不敢正面「較量」。塔雷伯說他坐飛機時最喜歡的娛樂是在推特上跟人論戰，可是現在願意跟他論戰的人不多了，尤其是風險問題。

這個 mastery 的境界，是哪個大學、哪個老師都教不出來的。自學是你唯一的途徑。

第18章

學習的快功和慢功

這一篇的開頭，我們先來思考一個問題。

從前有個年輕人叫小林，一心想要成為武林高手，前往名門正宗的華山派拜師學藝。華山派正在開展教學改革實驗，對新收弟子進行隨機分班，小林被分到了岳師父門下。小林學了一陣，感覺師父教得很慢。岳師父總愛講一大堆理論，還愛東拉西扯，甚至聊什麼「武俠文化」；課程的針對性也不足，明明上午講的是一個招式，下午考試考的卻是另一個招式。而隔壁師叔帶的那個班進度良好，每次考試的成績都比自己這個班高。特別是隔壁有個小師妹，據說還是岳師父的女兒，一招一式如行雲流水般連貫，眞是漂亮。

小林心懷怨恨，認爲岳師父不教眞工夫。可是大師兄說：「咱們這練的是慢功，隔壁是快功。快功進度快，但缺乏內涵，咱們慢功也許輸了現在，可是一定能贏得未來。」

你覺得大師兄說的對嗎？世界上眞有這種「輸了現在，贏得未來」的工夫嗎？

這個故事當然是我編的，但是它有堅實的研究基礎，代表一個普遍的學習規律。二〇一七年，美國教育經濟學家葛列格·鄧肯（Greg Duncan）領導了一項大規模研究，專門提出了一個兒童早期教育的問題——「凋零效應」（fadeout effect）。

這個規律是如果你快速給學生灌輸一些知識，的確能讓他們迅速獲得一個成績優勢，但這個優勢總是保持不了多久就凋零了。別人終歸也會學到那些知識，而你這邊後勁不足。其實凋零效應不僅限於早教，所有的教育都有這個效應。

那這是爲什麼呢？研究者認爲，這是因爲能突擊灌輸的知識，都屬於「封閉式」的技能，也就是說都是一些按照規定步驟操作的流程。這種知識每教必會，但是缺乏累加作用，不能成爲後面繼續進步的基礎。要想讓人沒那麼容易趕上你，你需要掌握的是「開放式」的技能，這種技能能和別的知識發生連結，有複利效應。

但是開放式的技能學得慢。這一篇要說四種眞正有效的學習方法，它們的共同特點就是「慢」。你會意識到，輸了現在卻贏得未來的工夫，才是眞工夫。

哪種老師好？

美國空軍學院是個很大的教學機構，每年會培育很多學員，教學嚴格而且非常系統化。學員都是軍人，但是要學非常正規的高等數學以及科學和工程各方面的課程。所有這些課程的基礎是兩個學期的微積分，一個叫「微積分I」，一個叫「微積分II」。有經濟學家專門對空軍學院教微積分的方法做了一番研究。

空軍學院先把學員隨機分成幾個班，每個班講課的教授不同，但考試題目和評分標準是完全一樣的。而且上完「微積分I」之後，還會再隨機分一次班，再上「微積分II」。這個制度特別容易看出哪個老師教得好，哪個老師教得不好。

這些老師可以分成兩類。第一類老師特別善於讓學生考出好成績。他把課程講得很順，知識點有條有理，解題操作流程清清楚楚。學生完全知道自己在課堂上得到了什麼，練習時非常有針對性，考試的時候也充滿信心。第一類老師教的是快功。

而第二類老師教的是慢功。他經常給學生們講一些規定內容以外的東西，比如把微積分思想和物理學的知識聯繫起來，希望學生對微積分有更深入的理解……而這些都不能直接用在考試上。學生聽了課，回去做練習題，都得自己想辦法解決，因爲老師沒有進行針對性的套路訓練。可想而知，這些學生的考試成績就不怎麼好。

學生們給第二類老師的評分也不高。也許學生認爲自己都是軍人，又不是想當數學家，爲什麼老師不能把課程講得順一點呢？學生們普遍比較喜歡第一類老師。

但是，經濟學家用資料證明，喜歡給知識建立連結的第二類老師，教的才是眞工夫。研究者關心的不是學生們在「微積分I」中的考試成績，而是他們是不是眞的掌握了微積分。這表現在學生們在後續課程，比如「微積分II」以及會用到微積分的科學和工程課程中的成效。結果非常明顯，第一類老師教出來的學生在後續課程中遭遇了困難；而那些第二類老師教出來的學生，在後續課程中反而表現很好。

這個現象並不僅僅發生在空軍學院。義大利的一個大學也做過類似研究，研究者觀察了一千兩百個大學生，發現那些被學生評價不好、沒有讓學生考高分的大一課程的老師所教出來的學生，在後續的學習中反而表現更好。

有的老師教應試技巧，有的老師教真工夫……學生都喜歡第一類老師，他們是不是已經忘了，**學習的目的不僅僅是為了考試**。

直接練和交替練

對有經驗的老師來說，想要讓學生學得快，又能在考試中取得好成績是比較容易的。最好的辦法就是直接練習：教一遍操作規則，然後馬上用這個規則去做練習。

比如今天講的是數學，那就分析一種題型，總結一個解題套路，講完課馬上讓學生做十道相同題型的練習題。學生會做得非常得心應手，第二天馬上測驗這個題型，學生的成績肯定好。

可是我們想想，真實生活中的問題是這樣的嗎？比如你今天下午會在工作中遇到一個難題，你能先在上午學這方面的套路嗎？不可能。問題都是猝不及防的，有的是你從來沒見過的新題型，你需要的不僅僅是怎麼操作哪一招，你先得能判斷該用哪一招才行。

正確的練習方法是混合練習。每次練習中都應該是混合題型，每做一道題都得臨時判斷該用哪個套路，這才有點學以致用的意思。

美國海軍的訓練進行過一次研究。學員分成兩組，第一組是直接分段練習，也就是先教一個套路，然後猛練這個套路。第二組是混合練習，每次練習都混著練，今天教的套路和今天練的套路很可能不一樣。

可以想見，在每天進行的測驗中，第一組的成績總是比第二組好，因爲他們所練即所學，所考即所練。但是在所有訓練項目結束之後的結業比試之中，因爲問題都是新的，學習者必須自己決定用哪一招，第二組則擊潰了第一組。

這個道理有點反直覺，但是同時又符合直覺。把課程分成若干段落，每次學什麼就練什麼，這難道不是最自然的學習方式嗎？眞不是，因爲這是體制化。**混合穿插訓練才是最自然的學習方式**。

甚至有研究發現，連練鋼琴都應該使用混合方法。比如我們現在要學一個高難度技巧：在〇·二秒之內，用左手跨越十五個琴鍵。研究者規定每人可以回家練習一百九十次。有的人這一百九十次就只練這個動作，而有的人則是交叉練習了跨八個、十二個、十五個和二十二個琴鍵……測驗結果發現，用混合練習的這組人的掌握程度明顯更好。

有句格言叫「手裡拿著錘子的人，看什麼東西都是釘子」，其實說的就是那些只會演練自己的幾個套路而不知變通的人。混合練習，每一次都現場判斷該用哪一招，能幫你克服這個弱點。

建立連結和混合練習這兩個方法都是教你如何活學活用，再說兩個如何加深記憶力的方法。

測驗和間隔

心理學家有個說法叫「有利的困難」（desirable difficulty），意思是說它看起來是個困難，但是你想要這個困難，因爲它能讓你深度學習。有困難，才是眞學習。

要加深對新知識的記憶，一個辦法是先測驗後學。這個知識點你還沒學過，上來就測驗肯定很容易答錯，但這就對了，犯錯能讓你的印象更深。特別是如果你的自信心愈強，你愈是相信那個是對的，結果發現它不對的時候，你的印象就愈深，你就愈容易記住這個知識。

另一個方法是有意識地設置時間間隔。前文曾講過，不要追求在幾天內突擊學完一個課程。你是可以做到，但學完之後你的印象不深。最好的辦法是同時學幾門課，今天學完這個，故意放一兩天不學它——可以稱之爲「刻意不練習」，間隔一段時間之後再學。幾天之後回來，當你提取這段記憶的時候，你會感到有點困難——有困難就對了，這就是我們想要的那個「有利的困難」。克服困難才能深度學習。

學習，眞是一個有意思的活動啊！一說起來，人人都知道逆境可以讓人學會新東西，好比「經一事，長一智」，或是「不經歷風雨，怎麼見彩虹」，可是眞要學習的時候，人們還是希望老師把所有內容都安排好，讓你順順利利地考個好成績。

殊不知「經一事，長一智」這句話用在戰略上是不可行的。一般人通常不會從自己的失敗中吸取教訓，我們都喜歡把失敗歸咎於別人……其實這句話應該用在戰術上。你需要的是小失敗、小挫折、小錯誤，你需要練習中的困境，你需要「有利的困難」。

二〇〇七年，美國教育部進行了一次大規模的研究，調查了很多老師和學生，想弄清楚到底什麼學習方法是眞正有效的。結果經得起科學驗證的方法只有這幾個：間隔、測驗和建立連結。也就是這一篇所要講的內容。

也許後發才能先至；也許慢工夫才是眞工夫；也許練別的也是爲了練這個；也許不練習也是爲了練習；也許犯過錯的人生才是眞實的人生。

你想想，這個原理是不是特別有意思——遭遇困難才是眞的學習，這大約也是學習的門檻。因爲有這個門檻，才能把行的人和不行的人分開。如果你是行的人，你會很高興門檻是這樣的。

第19章

有關學校教育的大實話

這篇說個老話題：學校教育。有個研究證實了我長期以來一直有的一個想法——也許學校對學習沒有直接的作用。

我是從《萬古》（*Aeon*）線上雜誌二〇一七年三月的一篇文章知道這個研究，文章標題是〈爲什麼最成功的學生對學校沒有熱情？〉（Why the Most Successful Students Have No Passion for School ?），作者叫李知炫（Jihyun Lee），她現在是澳洲新南威爾斯大學教育學院的副教授。文章寫的就是作者本人的研究，而這個研究也是「國際學生能力評估計畫」（Programme for International Student Assessment，簡稱PISA）的成果。

PISA用一套通用的試題，在多個國家對中學生進行測試，考試項目包括閱讀、數學和科學。考試得分結果經常被媒體報導，人們把它當成各國學生水準的較量。不過PISA最主要的目的並不是給各國教育排名，而是進行教育研究。

在考試之外，PISA還有一套對於學生的問卷調查，包含調查學生的學習習慣、學習態度等。研究者要做的事情，就是尋找學生的學習成績和問卷調查結果之間的關係。它的最高目標是想知道什麼才是最好的學習方法，到底怎樣才能培養更好的學生。PISA專案提供了很大的資料庫，研究者可以直接運用這些資料。

李知炫使用了二〇一五年測試的資料，涵蓋七十二個國家和地區，對象都是十五歲的中學生（大概相當於國三或高一的學生）。李知炫關心的是學生對學校的觀感和其學習成績之間的關係。在這項問卷調查裡，有這麼一道圈選題：

談談你對學校的印象

A 學校對我將來畢業以後的成人生活沒有起到任何準備作用

B 學校整個就是浪費時間

C 學校幫我獲得做決定的信心

D 學校的確教給我將來工作有用的東西

李知炫想看看學生給這道題的答案和他們的學習成績有什麼關係。她只需要做些簡單的統計分析。常理設想，好學生應該熱愛學校。他們每天上學充滿熱忱，對老師言聽計從，對教材深信不疑，對教育體制滿懷敬畏，學習成績就應該更好。學習困難的學生在學校充滿挫折感，也許他對學校的印象就不那麼好。

但李知炫得到的結果是——學生的考試成績和對學校的態度之間，沒有任何關係。

很多好學生認爲學校不起作用，純屬浪費時間，但他們的成績就是那麼好；很多學習困難的學生認爲學校很有用，充滿感恩之情，可是他們的成績還是那麼差。你愛或者不愛它，學校就在那裡，而你還是你。

不管學生的家庭社會經濟地位如何，是男是女，生活在已開發國家還是發展中國家，這個結論不變。學生對學校的態度和他的學習成績無關。

那什麼跟學習成績有關呢？李知炫使用PISA資料發現，對成績影響最大的，是學生對自己的態度。對自己的能力評估、焦慮感，以及是否享受學習過程，這些因素對學習成績有非常明顯的影響。

當然，這個研究考察的只是學生對學校的主觀印象。也許學校實際上有作用，但是學生以爲學校沒起作用。可是不論如何，學生對學校的主觀印象也足以感慨。李知炫就想，如果這些好學生認爲他們都是靠自己學習的，對學校如此不以爲然，那他們長大以後作爲公民，會不會也藐視國家的各個正規機構呢？如果人們對正規機構都有如此悲觀的態度，那長此以往豈不是國將不國了嗎？

從家長的角度看這個研究，如果學校對學習眞的沒什麼用，那我們花很多錢買學區房，想各種辦法把孩子送到好學校去還有意義嗎？對此我有一點個人經驗。

學校的作用

我兒子小學一年級是在美國一個叫「旗杆小學」的學校就讀。旗杆小學拿公立學校的經費，但是獨立辦學，向全市招生，有自己的教學大綱和教學方法。我注意到旗杆小學的教學有點像中國的學校，經常進行各種小測驗，數學課和閱讀課還把學生按能力分班，可以說是把教學抓得很緊。我兒子很喜歡旗杆小學。

女兒出生，我們想換個大點的房子。現在所在的學區，有個小學叫「藍山小學」，是個傳統意義上的公立學校，招生範圍僅限於自己學區。本地小學標準化考試成績排名，藍山小學排第一，旗杆小學排第二，而且差距還頗明顯。我跟妻子一商量，就把兒子轉到了藍山小學。轉學前我們還跟藍山小學的校長聊過，校長當然把自己的學校吹噓了一番。

結果轉學過來之後，我們才發現，藍山小學的教學實際上遠遠不如旗杆小學。每天上課的時間都比旗杆小學少一個小時，幾乎沒有什麼測驗，家庭作業如同兒戲，數學課的進度和難度也都低於旗杆小學。那爲什麼藍山小學學生的學習成績還比旗杆小學好呢？

這可能恰恰說明，學生學習成績好壞，與學校的關係不大。藍山小學之所以成績好，是因爲藍山小學的家長厲害。這個學區的房子比較新也比較貴，在這裡買房的人大都是在周邊高科技公司工作，這些家長更重視子女的教育。像這樣的地方不管辦什麼學校，學生的成績都差不到哪去。

學區房有意義嗎？也許有意義。也許好學區的學生素質更高，而你希望你的孩子有高素質的同學，畢竟同學之間互相影響可能比老師對學生的影響還大。但這也只是一個猜測，我並沒看出來我兒子現在的同學比他在旗杆小學的同學素質高在哪裡。

權衡來去，我們發現藍山小學最大的好處居然是它九點鐘才上課，比別的學校都晚一小時，這對負責接送孩子、早上還愛睡懶覺的我來說實在太重要了。

從學生角度來看，任何學習的本質都是自學，老師再厲害也不能代替你思考問題。現代教育制度是一個老師面對幾十個孩子，他不可能讓每個孩子去刻意練習，別忘了刻意練習要求的是量身訂做的針對性訓練。如果一個班級學生的水準參差不齊，老師想要提高全班平均，最關注的其實是水準差的學生，他不在乎你能不能從九十五分變成一百分，而把學習困難的學生從六十分提高到八十分，效果更明顯。

學校的最重要作用是提供一個社區環境。就像前文提到過的，霍金當年大學時教過他物理的一個教授說：「我想我眞正的作用只是監督他學習物理的進度。我不能自誇曾經教過他任何東西。」而這就是學校的祕密。

學校對學習的作用是安排學習內容、監督學習進度、考核學習水準、交流學習心得。學校對社交的作用可能比學習大多了。至於「學習」這個動作本身，那是你自己的事。

從人生哲學角度看，我們的確不該對任何「正規機構」抱太大希望。正規機構處理的是「平均人」，他們最在意的是統計數字，而不是你這個個體。人如果不能自立，把身家性命託付給一個外部機構，豈不是有點危險嗎？

第20章

每條路，都是少有人走的路

大概是我兒子九個月大的時候，我和妻子帶他去醫院做例行體檢。身體檢查之外，醫生還做了一些測試，看他會不會爬，會不會翻身，和人交流的情況如何。我們還按要求塡寫了一份很長的問卷調查，內容都是關於孩子已經掌握哪些技能，以及不會哪些技能。

醫生做完測試，又看了我塡寫的問卷，面帶微笑、非常友善地告訴我們一件事：兒子的發育程度落後於平均水準。

我妻子情緒穩定，我卻非常震驚。一直以來我看兒子都是比誰家的孩子都好，結果醫生居然說低於平均水準？不但如此，醫生甚至還想派一名義務的社工定期來家裡給兒子做訓練。我當即拒絕了這個服務，我家孩子不是什麼「救助對象」。

我們沒有查資料，也沒有進行什麼特殊訓練，我們只是單純地對孩子有信心。我兒子現在一切正常，如果說有哪裡不正常，那大概就是因爲他數學突出，被學校貼了「有天賦學生」的標籤，有專門的老師定期給他做進階的數學訓練。

那麼問題來了，是否存在一個對所有孩子都適用的成長節奏，規定孩子就應該在幾個月大的時候，掌握特定的幾項技能？又該如何衡量一個孩子是否達標呢？

技能的養成有時間性嗎？

《終結平庸》這本書的作者、哈佛大學教育學教授陶德．羅斯表示，過去的醫學界的確相信：在孩子的成長過程中，存在各種階段性的里程碑。比如一個孩子從最開始學會爬，到最後學會走路，中間要經歷一個固定的過程。從出生到直立行走，專家們還訂定一個進度表，中間包括在不同時期要掌握的不同爬行動作。

但在一九九八年，有一個不信邪的女科學家凱倫．阿道夫（Karen Adolph）爲了研究孩子到底是如何學會走路的，實地觀察了二十八個孩子。這一次她沒有採用平均值或者把所有孩子看作一個整體的做法。她把每個孩子都當作獨立個體，全心觀察每個孩子的成長過程。

透過這二十八個孩子，她竟然總結出了二十五種從爬行到走路的成長模式。可以說每個小孩的成長過程都不同——有些小孩可能直接跳過爬行這一步，學會了走路；還有小孩在中途出現過退步的現象。但不論如何，最終所有的孩子都學會了走路，都走得一樣好。阿道夫得出結論：所謂「成長階段」，是沒有科學根據的說法。

我的兒子和女兒學會走路的方式非常不同。中國有句話叫作「三翻六坐七滾八爬十二走」，我的兩個孩子都沒有遵從這項「定律」，但這不妨礙他們最後都學會了。

作爲一個父親，我可以非常負責地告訴即將爲人父母的各位，每個孩子學會走路的方式都不同，根本沒有什麼固定路徑。如果有醫生告訴你，你家的孩子成長「不正常」，那只能說明這個醫生的知識還停留在一九九八年之前，你應該提醒他去更新一下自己的知識。

如果連學走路這麼一件簡單的事情，每個孩子的成長過程都不一樣，那麼成年人的學習和工作成長，又怎麼能一樣呢？

「學得快」的迷思

過去我們都有個觀念，學什麼新東西，學得快就表示聰明，學得慢就是笨。而現在在心理學家看來，學習的快慢並不是一種「特性」，反而與「情境」相關。有的人學這個快，學那個慢；有的人剛好相反，你並不能從一個人學習某個特定東西的快慢來判斷他的能力。

其實這就像考駕照一樣。我考駕照的時候表現非常出色，一次就完美通過，可我實際開車技術並不好，在路上經常被別的司機按喇叭，有過兩次追撞事故，多個超速罰單。有的人考駕照三番五次才過，但開車技術很好。學習，是一個多樣化的過程，並不存在一種所謂「正常」的學習軌道。

職場也是這樣。在很多人心目中存在一個「標準的」升遷進度——幾歲大學畢業，幾歲該混到公司中層，再過幾歲應該拿到什麼職稱。如果你是個工程師，很多人認爲你應該在四十歲、甚至三十多歲的時候，華麗轉身，成爲一個管理者……這些說法都是胡扯，還不如說凡是按部就班這麼一路走下來的，都是平庸之輩。最厲害的美國總統，沒有一個是中規中矩升遷上去的。

就連科學界都是如此。很多人以爲要成爲科學家，就得從小聰明，從好大學畢業，二十多歲拿到博士學位，三十多歲拿到教授職位。但是有人專門做過研究，發現成爲一個成功的科學家，至少有七種不同的路線。有五五%的科學家的確是走了前面說的那個快速通道，但剩下的四五%卻路線各異——有的人做過好幾種的博士，有的人在科學界做了幾年之後，因爲經費不足被迫離開過學術界，甚至還失業在家一段時間，後來又重回學術界，這種情況甚至反覆發生，但都阻擋不住他們在科學研究事業中取得成功。而且這些走了「彎路」的人，成就並不比那五五%的人差。

標準偏誤

每一條路，都是少有人走的路。我們總以爲存在一個「標準」的路線，凡偏離就是錯誤，這個認知是如此的根深蒂固，以至於科學家專門給它起了個名字，叫「標準偏誤」

（Normative Bias）。

我認為中國人思想中的「標準偏誤」可能更嚴重一些。中國的城市人口非常密集，大量的人聚集在一起就容易互相模仿。更何況中國人比較熱中社交，文化比較合群，相較於強調個人主義的歐美國家，可能更容易出現模仿的現象。

比如中國的大學往往有自己學校的電子布告欄系統（Bulletin Board System，簡稱BBS），學生們可以在上面議論學校的各個方面，可是在號稱言論自由的美國，就幾乎沒有哪個大學有這樣的BBS。

首先我認為這是好事，這說明中國運用網路本質上應該比美國發達，咱們中國人有非常可愛的性格。

但是這些BBS上，有個非常有意思的現象——人們熱中於發布各式各樣的攻略。我當年申請留學的時候，就從這些攻略中受益良多，包括什麼時候考GRE、什麼時候考托福、怎麼拿到申請表、推薦信怎麼寫等，每個步驟都非常詳細，詳細到你最後辦理出國手續，進行例行體檢時，需要打幾針預防針，上面都有人為你寫得清清楚楚。

這就特別容易讓人有標準偏誤。如果有人未能按照攻略走，他就會感到非常不安。

既然美國大學都沒有BBS，留學的人就搞了個海外華人的BBS——叫MITBBS（和麻省理工學院沒關係），上面從軍國大事到購車指南無所不談。我有一次在這個BBS就看到一則文章，簡直不知道該說什麼好。

有人走傑出人才通道，以此申請綠卡，但是他不知道用什麼方法郵寄申請表「比較好」，特意發文求攻略：是該用聯邦快遞、UPS快遞還是普通郵政呢？很多人就結合自身經驗給了一本正經的回答。我心裡就想：這位大哥，你連郵寄個申請表都不敢自己做主，還好意思說自己是「傑出人才」？

不同的人走同樣的路線，很大程度上是體制下大量生產，或者互相模仿的結果，這個現象並不「正常」。

不同的人走不同的路線，最後都實現了自己的目標，這才是眞正的「正常」。無論招兵買馬還是修煉自我，都希望你千姿百態，不拘一格。

第21章

兩種技能增長曲線

經常有人想把青春獻給物理學或者別的學問，讓我出點建議。我不想說什麼具體的戰術，想介紹一個戰略性角度的思維。

我要分享兩篇並不新的文章。

其中一篇是大衛．布魯克斯（David Brooks）二〇一四年發表在《紐約時報》上的專欄文章，〈增長的結構：學習可不是簡單任務〉（The Structures of Growth: Learning Is No Easy Task）。大衛．布魯克斯是我最喜歡的作家之一，也是《紐約時報》上最值得看的專欄作家。

另一篇是史考特．楊（Scott Young）在二〇一三年發表的文章——〈兩種增長類型〉（Two Types of Growth）。這位史考特．楊並非無名之輩，他曾經用一年時間完成了麻省理工學院電腦系的四年本科課程，還出了一本書，名叫《超速學習》（*Ultralearning*）。

事實上布魯克斯的專欄是受楊的啓發而寫的，兩篇文章說的是同一件事：技能水準的成長，其實有兩種不同的類型。

圖 21-1

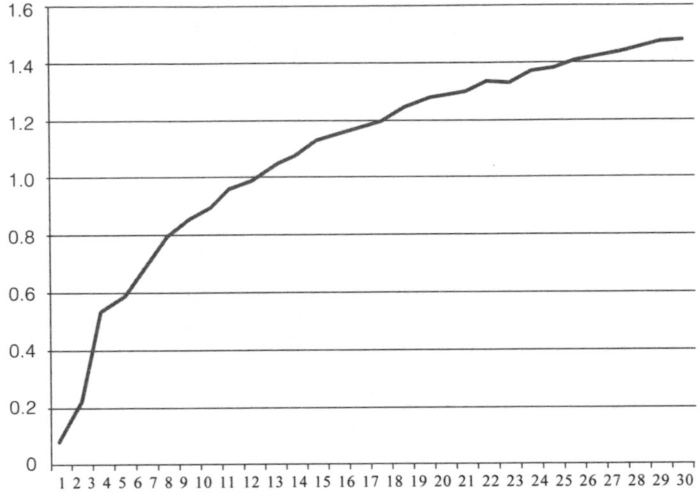

對數增長

一種是對數增長（如圖21-1）。這個技能初期的進步速度非常快，到後面愈來愈慢，最後幾乎是一個停滯期，哪怕你付出極大的努力，也只能獲得一點小小的突破。

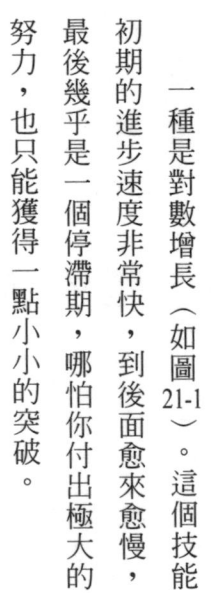

體育運動就是這樣的情況。四年前，我有一次心血來潮，決定每天跑樓梯（我的辦公室在物理系九樓）健身，而且每天記錄成績，現在還儲存在我的 Evernote 軟體裡。最初需要一分二十秒，兩三天之後就達到一分十五秒以內，兩週不到就達到了一分鐘之內，後來的最好成績是五十五秒。

所以健身也好，減肥也好，最初一段時間的那種感覺真是特別愉快，進步神速！當然我比較懶，後來就不跑了。過了半年又跑了一次，成績是一分十二秒。也就是說，人

圖 21-2

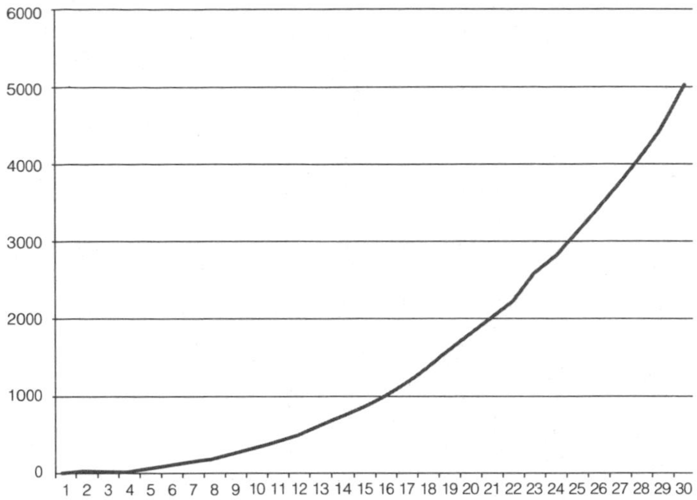

的身體似乎能迅速適應一個新項目，但是如果你不堅持就會退步。

而對於頂級運動員來說，進步將會愈來愈難，到了職業水準，明星跟普通隊員的差異就只有那麼一點點。

學外語也是類似的情況。初期花不了多少時間，掌握幾百個最基本的單字，就能獲得一定的交流能力，但是要想達到各種場合下運用自如的本地人水準卻是難上加難。

指數增長

另一種是指數增長（如圖21-2）。從你開始做這件事情之後的很長一段時間，幾乎沒有任何能讓外人看出來的進步。直到某個時候，你就好像突破了一個什麼障礙似的，水準一下子就顯現出來了，然後還愈增長愈快。

很多技術進步就是這樣。在研發的最初階段有很多困難要克服，要麼就是性能不佳，要麼就是成本太高，要麼就是市場不認，甚至根本看不到什麼希望。慢慢摸索，反覆運算，性能愈來愈好，成本愈來愈低，直到有一天被市場廣泛接受，然後就是爆發式的增長。摩爾定律就是典型的指數增長。

企業的成長、個人財富的增長，乃至你社群發文的瀏覽量的增加，大體也都符合指數增長。這背後的原理當然是正回饋：你的錢愈多、聲望愈高，進一步增長的機會也愈大。

布魯克斯在文章中還補充了幾種其他的增長模式，比如階梯式的增長——增長期、停滯期、突破停滯期、在更高的水準上繼續增長……但是，知道對數增長和指數增長這兩種最基本的模式，已經能說明我們理解很多事情了。

學術研究，比如物理學研究的技能是指數增長的。你需要經過很多年艱苦的訓練，在這期間你也許學會一大堆數學和物理知識，但是距離做研究仍然很遙遠。我還記得大三時，面對一篇物理論文卻根本看不懂的那種心情。你學了很多年物理，但是沒有任何可見的痕跡。

一直到了研究生階段，我也不知道怎麼回事，突然之間發現自己幾乎什麼論文都能看懂了。然後就自由了，可以自己做研究寫論文，而且覺得這些也不是什麼難事。這時候，物理學的江湖上就多了這麼一個會做研究的人。而沒有經過前面那麼多年不可見的努力的人，永遠也到不了這個水準。

爲什麼有些人小時候走到哪裡都被誇聰明，長大就不行了呢？因爲他引以爲傲的經歷其實是對數增長。一個兩歲的小孩會背誦唐詩，一個三歲的小孩能把圓周率背到一百位數，這種技能在家庭聚會上絕對是亮點節目，但這是沒有什麼上升空間的技能。各種棋類、武術這些經常被人當作業餘愛好的項目也都是對數增長——打敗身邊朋友，贏得稱讚很容易，成爲職業選手卻非常難。這種項目的回報太容易，所以有些人一輩子都在回憶中學時代的成就。想要從對數增長的詛咒裡突破出來，你必須學會主動脫離自己的舒適區。

指數增長最大的風險則是中途退出。有個笑話說，有個人現在有一個雞蛋，可以等它孵出小雞，然後期待雞生蛋，蛋生雞，最後他就有了一座養雞場，打開通往財富之路，結果話還沒說完，雞蛋就打碎了。當然，這只是一個笑話，在現實中，絕大多數人都退出了，而且在絕大多數情況下，「退出」是正確的選擇。如果你非要選擇這個指數增長的項目不可，你一定要有耐心和恆心，做好最困難的準備。

所以在選擇任何技能之前，應該先考慮好它的增長模式，以及你能不能承受這個模式。

這個增長曲線的規律未必精確，但是非常有科學精神。最重要的一點，曲線是客觀的！當你進展慢或者進展快的時候，你應該知道這與你個人其實沒有太大關係，跟外部環境也沒有太大關係，純粹是由這個事業的自身規律決定的。

如果不理會這些規律，像傳統文人那樣面對暫時成敗，很容易犯兩種錯誤。

一種錯誤是，一旦遇到進展迅速或者進展緩慢的情況，總想從個人或者環境上找原因，希望能找到功臣或代罪羔羊。前一階段很輝煌，怎麼現在沒有新進展呢？是不是驕傲自滿不努力了？爲什麼投入這麼多錢還是不見起色？是不是我們本來就不適合做這件事？

其實也許前者恰好是個對數曲線，巔峰已經不可避免地過去了，後者恰好是個指數曲線，希望就在眼前。

另一種錯誤是，個人對成敗的反應過分情緒化。遇到對數曲線初期的成功就忘乎所以，遇到指數曲線初期的寂寞就心生悲壯，要麼就自戀，要麼就自憐。「人情冷暖」或「十年寒窗無人問，一舉成名天下知」，其實都是胡扯！你既然選擇了這一行，就得按照這個技能增長曲線的規律走，所有情緒根本沒意義。

哪種增長模式好呢？如果讓我選的話——特別是對於家裡條件還可以的人來說——我認爲指數增長是最好的。初期不計回報地投入，堅持再堅持，掌握一個門檻高的技能，堅持下來突破以後就自由了。其實做學問，試煉專業技能，就算早期無人喝采又有什麼要緊的呢？胡適有句話說得好——怕什麼眞理無窮，進一寸有一寸的歡喜。

PART5

兵器第五

第22章

談談寫作和研究

這一篇，我想談一點學習、研究和寫作的心得。先說一個概念，叫「當前科學理解」。

當前科學理解

「求知」是個古老的話題。當你遇到一個難題，或者看到一種社會現象，你不理解或者單純好奇時，你該怎麼辦？

傳統的建議是你應該向老師請教，你應該讀書，你還應該自己探索。求知的過程是漫長和永久的，你用一生的時間也探索不完。正所謂學無止境，求知，是一件上限可以無窮大的事情。

但是以我之見，我們現在已經有充分的條件可以給求知設定一個有實用價值的標準。這個標準是可以達到的，而且通常達到這個標準就意味著你的求知到這一步就夠了。

這個標準就是「當前科學理解」。英文是「current scientific understanding」，在學術

界用得比較多。

所謂當前科學理解，就是目前學術界對這個問題的認識是什麼。

我們所處的世界並非一盤散沙，各種知識不是胡亂地散落在民間，甚至可以說現今世界已經形成一個「權威機構」在「管理」所有的知識。這個機構就是「學術界」，也可以叫「科學共同體」，由所有的科學家和各個領域的研究者組成。

當然「權威」和「管理」這個說法有點刺耳。知識始終都在演化，誰也不敢保證今天的理解就絕對是正確的，也許明年就反轉了。事實上對於很多問題，科學家並沒有達成共識，有時候甚至沒有形成一個「主流」意見。但這裡權威和管理的意思不是用權力強制你相信，而是說學術界的認識是最可信的。

比如我們應該讓一個四歲的孩子背很多唐詩，認很多字，學習加減法嗎？腦科學家的看法是：六歲以前的孩子最應該做的事情是「玩」，孩子要在玩耍的過程中學會怎麼與人打交道，學到各個東西的用途。那麼求知的你，應該相信腦科學家的意見，而不是聽鄰居大媽怎麼說。

人的認知有各種各樣的偏誤，一般人的思想都會被偏見左右。戰勝偏誤、獲得眞理的唯一之道是使用科學方法，而學術界的人整天做的就是這件事。

科學家看到的世界，比老百姓要眞實得多。

老百姓對股票和投資有各種妄念，而科學理解是高收益的複利不可能長期增長，絕大多數的個人都無法打敗市場。

老百姓認為學習方法應該因人而異，而科學理解是不管你是誰，正確的學習方法只有一種。

心靈導師說想像正能量能讓你成功，而科學理解是幻想一個好結果毫無用處，得想像做事的過程才有用。

勵志偶像說世界上沒有偶然的事情，只要努力必能成功，而科學理解是這個世界上有很多非常隨機的事情，大部分創業者都失敗了……

相對於老百姓的民間傳說，科學理解常常「解high」，也叫「除魅」，能讓你冷靜下來。但是有時候科學理解比老百姓想的更有戲劇性，甚至更high、更勵志，比如：宇宙空間居然是平的！而這意味著宇宙可能是無限大；快樂可以調控；冥想居然真有用；好運氣可以管理；梅西真的很厲害……

科學理解並不限於自然科學，萬物都有人研究，正所謂「人生一切難題，（科學）知識給你答案」。學術界不是教堂，科學家之間總是互相質疑。但他們不是毫無章法地爭吵，他們爭吵是為了建立共識，而且他們已經達成了很多共識。

當前科學理解，就是此時此刻，你關於這個問題所能得到的最好答案。

你不需要了解所有的技術細節，但是你起碼可以知道科學理解在這個問題上的基本觀點和立場。

知道了當前科學理解，你對這個問題就可以算是「知道」了。你就可以暫停探索，可以去做決定和採取行動，也有資格給別人解惑和提建議了。

學會做研究

那怎麼才能得到當前的科學理解呢？一般的方法當然都是問專家、上網搜尋、讀書，甚至查找學術論文。這些做法都對，但以我之見，你首先應該有個正確的態度才行。

這個態度就是——你不是在「找答案」，你是在「做研究」。

做研究不一定非得在實驗室不可，凡是用可靠方法尋找答案的過程，都叫作研究。

比如你要買輛車，但不知道買哪個好。如果你看同事開的富豪（Volvo）不錯就選擇買富豪，你就有點盲從了。你應該全面考察自己預算範圍內的幾個品牌，看看它們的尺寸、安全、操控、油耗各個方面是不是滿足你的需求。你應該到具有權威評價的網站看看這些品牌的品質評分。你應該現場試駕幾輛車，獲得直觀感受。

這就是做研究——**透過各種手段獲取資訊，然後以我為主，做出自己的判斷**。

瑞・達利歐（Ray Dalio）在《原則》（*Principles*）這本書中講過一個叫「彙整多方意見」（synthesize）的概念。有一次達利歐病了，他自己的醫生說很可能是食道癌，必須立即手術。但是達利歐沒有馬上斷定，他連續找了四位非常好的醫生，最後得出結論是一場虛驚。

彙整多方意見就是一種研究。但研究不僅僅是搜集資訊，更要能做出判斷才行。達利歐提出的原則叫「激進面對現實」，他願意聽取很多人的不同意見，而且他會對這些意見按照「可信度」進行加權。

你要尋找一個可信的共識。專家的書、學術期刊的論文、主流媒體的報導往往是比較可信的，你應該給這些來源比較大的加權。朋友瞎傳的文章、晚報的健康指南、隔壁王大媽的親身經歷，就是不可信的。

有研究的意識，你就已經超過了大多數老百姓。知道什麼資訊來源可信，什麼不可信，你就已經是個可靠的人。如果還能熟練掌握英文，善於網路搜尋，你的研究水準就已經拿得出手。

但是要想出類拔萃，你還得有一個長期累積的工夫。這就是你得有一個大體上符合當前科學理解的世界觀。

這個世界觀不能指望每次遇到問題再做研究來累積，你得花大量時間，沒事也要主動讀很多書，有正規的學習，甚至要有一些專門的訓練才行。但這一切都是值得的。

有了這個世界觀，你收穫的就不僅僅是知識，更是高端的視角和認知工具。你會提出一般老百姓想都想不到的問題。別人只看見選舉規則很複雜，你想到的是飛矢悖論（Arrow Paradox）和群體偏好悖論；別人只看見美國公司故意招一些少數族裔的人搞政治正確，你想到的是這些人有沒有相同的價值觀和多樣性的方法論。

更高階的認知，是你知道當前學術界對這個問題有什麼爭論。別人只知道「棉花糖實驗」，你卻知道在特殊的家庭環境下，注重短期利益反而是一個有效的生存策略，而意志力到底是不是一個有限的資源，現在還有爭議。別人讚美「恆毅力」一類的流行心理學概念時，你卻知道那可能是站不住腳的學說。

現代學術體系分工愈來愈細，我們在絕大多數領域中只是外行。但**只要你會研究，你就是個「聰明的外行」**。

這條研究之路需要你付出青春和熱血，但是其樂無窮。

專欄作家應該做什麼？

「專欄作家」是個有光榮傳統的古老職業，但「知識服務」可以說是羅振宇發明的一個新行業。這個工作不但新，而且強度特別高，我們這幫人一天到晚幹活，就好像打仗一樣。做這樣的事會刺激你思考人生。我寫了三年「得到」App專欄之後，有一點來自前線上的新認知，也許會對你有幫助。

我認爲專欄作家應該做的事情，就是把當前科學理解交付給讀者。

我說的不僅僅是「得到」App的專欄，而是所有的專欄。現在發生了什麼事，或讀者有什麼不明白的問題，想聽聽專欄作家的意見。他們像語文老師講作文那樣，說一個自己的故事、舉幾個例子、引用兩句名言、打個比方，再來一段抒情，就算是一篇「好文」嗎？這種寫法已經過時了。專欄作家得做好研究，才有資格發言。他們得用最新研究結果和資料說話。這是一個寫作與研究密不可分的時代。

「科普寫作」是一門新手藝。過去像達爾文這樣的學者不但能搞研究，而且還是特別厲害的科學作家。現在學術分工愈來愈細，大部分科學家只擅長一個小小的領域，其實只是匠人，只有高水準的科學家才能掌握一個學科的大觀。我的專欄解讀過很多一線科學家寫的書，這些書展現了大局，但是以我之見，這些書的寫法還可以更好。

我甚至敢說，不是科學作家爲科學家服務，而是科學家爲科學作家服務，科學作家爲讀者服務。科學發現的一大意義所在，就是要讓「聰明的外行」了解它。

所以我的專欄一向都不是寫「我知道的事情」，而是「讀者想知道」、「讀者應該知道的事情」。

不管你想沒想到，只要這個思想好，我就要讓你知道。

第23章

好思想都在哪裡？

經常有讀者問我是怎麼選擇有價值的好書和好文的，這一篇我就說說這個。

「得到」App 的宗旨是提供知識服務，所以我的專欄不太可能去講一本小說或者一篇散文，必須給讀者「乾貨」和「猛料」。而且我不想被限制在一個特定的領域，我要保留「任何領域都可以說」的權利——不管是心理學的新認識、物理學的新進展，還是管理學的新方法；又或是人工智慧的技術、經濟學的分析，還是政治意識形態的交鋒，我們什麼都可能說。

我想交付給讀者的，是「思想」，或者說得更輕量一點，是「想法」。所有人的大腦共同生活在一個「智識世界」之中，這個「智識世界」就是由想法組成的。所謂創新，很大程度上就是想法的連結。所謂「認知升級」，就是你有沒有更先進的想法。娛樂節目談論人，新聞論壇談論事，我專門談論想法。你得先有想法，才能做事。

而好想法不是從天上掉下來的，更不可能是我一個人琢磨出來的。我的任務是透過大量閱讀，找到有趣有用的好思想，用自己的方式交付給讀者。如果我是一個廚師，我認爲食材比我的手藝重要。讀者要吃海參，我可以把海參做得好吃一點，但是我不能把胡蘿蔔變成海參。這就是說，專欄文章的選題比寫法重要。

好思想都在哪裡？在書裡，在雜誌文章裡，在論文裡。我選題的標準大概有三個：第一，要新；第二，要夠硬；第三，要讓讀者能「得到」。

夠新

經典的東西都經過了時間考驗，當然好，但是我更偏愛新思想，這可能是以前從事科學研究工作的職業病。

我們正處在一個知識快速更新的時代。所謂「新思想」，並不一定是距離我們生活很遠的「前端」思想，其實我們平時習以為常的觀念，都在不斷地被刷新。

比如什麼是「貧困」？如果你認為貧困就是物質匱乏買不起東西，你的思想就需要更新。幾年前，行為經濟學家森迪爾・穆蘭納珊（Sendhil Mullainathan）和埃爾達・夏菲爾（Eldar Shafir）寫的一本叫《匱乏經濟學》（*Scarcity*）的書，說貧困其實是一種思維模式。而我的專欄講解了《鸚鵡螺》（*Nautilus*）雜誌的一篇新研究綜述，克利斯蒂安・庫珀（Christian Cooper）的〈為何貧困是一種疾病？〉（Why Poverty Is Like a Disease?），說現在科學家對貧困的理解又更新了——貧困不僅僅是一種思維模式，還是一種可遺傳的生理疾病！

再比如說，一般認爲歐洲有很多高社會福利國家，而美國並非高福利的社會。可是我在專欄中解讀的經濟學家泰勒·科文（Tyler Cowen）的書《自滿階級》（*The Complacent Class*）就講到，如果你把減稅項目考慮在內，美國的人均福利支出在全世界排第二，這個高福利已經讓政府不堪重負了。

還有，我們生活中幾乎每天都會吃到糖，對吧？營養學家應該已經非常理解糖了吧？不是。我講過一本叫《對糖的指控》（*The Case Against Sugar*）的書，作者蓋瑞·陶布斯（Gary Taubes）身爲調查記者，他引用了大量的最新研究，提出的觀點是顚覆性的：糖不是營養品，也不是普通食物，而是毒藥——吃糖，等同於吸菸。他說的不一定對，但是這個思想很有影響力，所以你應該知道。

讀新書的另一個理由是有些經典的思想，放在今天看，會有不同的視角。比如亞當·斯密（Adam Smith）的《國富論》（*The Wealth of Nations*）說每個人都爲自己謀私利、多工作多賺錢，「看不見的手」就會讓整個社會進步；可是他的《道德情操論》（*The Theory of Moral Sentiments*）又說人不應該過分追求財富和名望，應該講道德。那這是不是有點矛盾呢？這是一個歷史上的著名問題，還被政治經濟學家熊彼得（Joseph Schumpeter）稱爲「亞當·斯密問題」。我的專欄談論亞當·斯密的時候，用的是史丹佛大學胡佛研究所路斯·羅伯茲（Russ Roberts）的書，《你可以自私自利，同時當個好人》（*How Adam Smith*

Can Change Your Life），這本書就以一個現代人的視角，很切合地解釋了「亞當·斯密問題」。

哪怕是最古老的經典，都應該參考新思想。我的專欄連載解讀過加拿大學者森舸瀾（Edward Slingerland）的《爲與無爲》（*Trying Not to Try*）這本書，其中就用最新的腦科學、心理學和其他社會科學的研究成果對《論語》、《道德經》、《孟子》和《莊子》這四部中國經典做了非常有意思的解釋。

有時候，問題是老問題，但是新思想提供了新的解決方案。比如我們應該怎麼選擇另一半？什麼時候停止嘗試新事物？過去的人可能想像不到，現在這些問題的最佳解，來自電腦演算法——我解讀過電腦科學家湯姆·葛瑞菲斯（Tom Griffiths）和布萊恩·克里斯汀（Brian Christian）寫的《決斷的演算》（*Algorithms to Live By*）這本書，讀者非常歡迎。

那「新思想」要「新」到什麼程度呢？最好是剛剛出版的書、剛剛發表的文章和論文，我們希望在第一時間解讀。

圖書方面，我們目前爲止的最快記錄可能是德瑞克·湯普森（Derek Thompson）的《引爆瘋潮》（*Hit Makers*），當時美國二月七日出版，我二月十四日就在專欄「精英日課」上解讀。至於文章，我經常解讀一、兩天前剛剛發表的東西。

事實上，像我這樣的專欄在一定程度上促進了英文世界裡的新思想在華文世界的傳播。像《未來簡史》（*Homo Deus*）、《注意力商人》（*The Attention Merchants*）、《終結平庸》、《聰明捷徑》（*Smartcuts*）等書，都是自我的專欄連載解讀之後，中國出版社決定引進的，其中有幾本還有我寫的中文版序言。

夠硬

再說「夠硬」。所謂夠硬，就是這個思想背後最好要有學術研究支持。有幾次我是直接講解一篇經濟學論文，但多數情況下還是盡量選擇比較通俗的書和文章。這些書和文章大都是新的「科普寫作」，作者不能信口開河，就算本身是面向普通讀者的通俗作品，也要引用學術論文。

這也意味著在「名人」和「學者」之間，我們更傾向於選擇學者寫的東西。好比馬雲經常發表各種看法，他說的都很有價值，但是學者可以把很多馬雲放在一起研究比較，給我們一個更科學的說法。

當然，要想讓內容好看，你必須講故事。一本書通常非常厚，一篇文章通常非常長，我的專欄只能精選其中最有價值的內容——好故事就是最有價值的。我寧可用比原作者更多的篇幅，也要把故事講好。我們要講的道理都很新，不利用故事傳遞實在很難說明白。曾經有幾本書的思想很好，但是因爲沒故事，我想來想去還是放棄了。

能「得到」

最後再說「得到」。我理解「得到」的意思，是讀者看了以後最好能有用，或者「三觀」[17]能發生一點改變。普通的新聞——包括一些科學報導——只是提供了一條新知識而已，並不能「得到」。新想法——甚至是有意思的新想法——都不一定能讓讀者「得到」。比如有新研究發現，有些章魚的智力水準很高，甚至還有自己的個性，這是個很有意思的知識，我也樂意讀，但是放在專欄裡就不太合適，更何況大量的新想法都是沒意思的。

所以「得到」是非常高的要求。我有時候翻遍各大報刊各大網站，都找不到一篇值得講的文章。我爲了寫專欄，看了《科學人》和《連線》這兩本大牌雜誌一年，都沒發現一篇值得說的文章。《紐約時報》、《紐約客》（*The New Yorker*）、《大西洋月刊》（*The Atlantic*）、《哈佛商業評論》、《經濟學人》（*The Economist*）、《新科學家》（*New Scientist*）等報章雜誌偶爾有好東西。反倒是一些名氣沒有那麼大的媒體，比如《鸚鵡螺》、《萬古》、《1843》上經常有驚喜。

那好書該去哪兒找呢？如果你也對讀新書感興趣，我可以提供從入門到高階三個找書的辦法。

最簡單的辦法是看推薦。我買所有的英文書幾乎都在亞馬遜網站買，而亞馬遜的推薦演算法很不錯，它能從你以往的購買記錄中發現你的興趣，向你推薦新書。有很多書我都是這麼發現的，我經常爲了找書專門去亞馬遜網站閒逛，就好像逛一個實體書店一樣。

比較專業的辦法是追蹤主流媒體的書評。《紐約書評》（*The New York Review of Books*）有可能是美國最值得讀的報刊，上面有新書的書評，有高手的論述文章，還有各種新書廣告。幾乎所有重要媒體都有書評欄目，比如《紐約書評》、《紐約客》、《經濟學人》等媒體。如果你追蹤這些媒體，就不會錯過特別重要的好書。

但最高階的辦法是追蹤作者。你應該對現在活躍的、特別有想法、特別能寫的人心裡有個數。比如納西姆·塔雷伯、大衛·布魯克斯、麥爾坎·葛拉威爾、提姆·哈福特、麥可·路易士（Michael Lewis）、泰勒·科文……這些人剛剛出了什麼書，甚至正在寫什麼書，你讀多了，就會注意到。

選書讀好像看足球一樣。一日球迷看朋友在社群上發的射門集錦，一般球迷看世界盃和歐洲冠軍聯賽這樣的大場面，資深球迷則追蹤所有重要球員的動態。

我眞希望不管有什麼重要的新思想，都能讓我的專欄讀者第一時間知道……當然這是不可能做到的，但精神上，必須是這樣。

⑰ 流行用語，為世界觀、人生觀、價值觀的合稱。

第24章

怎麼使用心智圖？

「心智圖」是個愈來愈流行的工具，你肯定經常在網上看到人們貼出的各種心智圖。有些心智圖畫得非常漂亮，說明作者十分用心。

可是每次看到那種漂亮用心的圖，我心裡都忍不住歎氣。我看這些人根本沒抓住「心智圖」這個工具的要點，硬生生地把一具殺傷性武器用成了禮炮。

爲什麼要畫心智圖？

我先問一個最簡單的問題。現在人們在網上貼出的絕大多數心智圖，都是「樹狀圖」的形式——從一個大主題出發，分成若干個小主題，每個小主題再細分爲若干枝葉，這麼一步步分下去，就好像一棵樹一樣。某網站提供的心智圖工具，就專門提供這種樹狀圖，你甚至可以選擇不同的風格，但本質上都是樹狀圖。

問題是，如果你只是想用這種樹狀結構列舉題綱，整理要點，你又何必非得畫心智圖不可呢？

任何一個簡單但是夠用的文字編輯器，都有所謂「項目符號」（bullet points）功能，而樹狀圖的拓撲結構完全等於項目符號。你根本不需要用滑鼠笨拙地畫圖，直接用鍵盤一行行列點，快速準確；想在哪裡插入一段就能馬上插入，想調整順序也能隨時調整，想長就長，想短就短，根本不需要關心畫面的美觀；邏輯明白，條理清晰；文本格式，有利於編輯，有利於保存，有利於共享，有利於搜尋。

我看大多數人用心智圖都是做讀書筆記或者會議摘要，而針對這類筆記摘要，條列式是最好的辦法。如果我收到一段重要資訊是以心智圖形式發送的，我做的第一件事就是先將它轉換成條列式。

爲什麼放著這麼厚道、簡潔、實用的條列式不用，非得費力畫那種妖豔的心智圖呢？也許答案是因爲圖形能帶給大腦不一樣的刺激，有利於閱讀和思考。可能眞有這樣的道理，但是絕大多數心智圖沒有起到這個作用，尤其是有些心智圖畫得密密麻麻，還寫滿了字，根本無法起到這樣的作用。

把絕大多數用於整理資訊的樹狀心智圖替換成條列式，對作者、對讀者都有好處。

那麼心智圖是不是一個被高估了的工具呢？不是。心智圖是一個被低估了的工具。

心智圖的功用

心智圖，根本就不是一個整理和記憶工具，它是一個思考工具。

前文提到，人的短期工作記憶相當於大腦的「記憶體」，是非常有限的，每時每刻只能最多想四個東西。

心智圖的正確用法，就是給大腦延伸記憶體。你只能想四個東西，可是做這件事需要同時考慮八個東西，那麼最好的辦法就是把這八個東西都寫下來，擺在你面前幫助思考。

預算一萬元，要做八件事，怎麼分配呢？躺著思考時，腦子不夠用了，坐起來找張紙，把八件事都列好，分出輕重緩急。這裡多點預算，那裡就得少點，加加減減，就好像計算數學題一樣。

心智圖，本質上就是思維的草稿圖。更高端的用法則是用心智圖做決策和判斷。

一個普通會議可以分三個階段。

第一階段是暢所欲言，誰有什麼想法都提出來，這時候使用心智圖就非常方便，準備個白板，什麼想法都先寫上再說。這時候畫的就是樹狀圖。

第二階段是評估這些想法。你可能會發現幾個想法之間的聯繫！我們知道，發現不同想法之間的聯繫，不就是創造性思維嗎？發現聯繫，就把這兩個想法用一條線連接起來——這個動作可不得了，你從根本上改變了這張圖的拓撲結構。它不再是樹狀圖了，不

圖 5-5

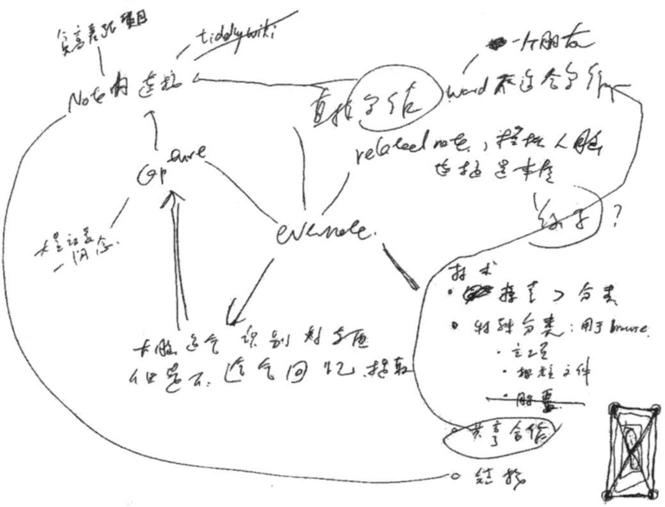

是樹狀圖，就不能用項目符號取代，而必須用心智圖。然而非常遺憾，這個最基本的連接功能，有的「心智圖」軟體居然不提供。評估的結果，是要對這些想法做出取捨。

第三階段是形成決議。把討論中淘汰掉的想法都畫掉，剩下的分出主次和執行順序，整理一下就可以照著做了。

這三個階段，其實就是從眾人的發散思維，到最後集體的集中思維的過程。先發揚民主，最後形成集中。這個思維過程與決策方式，比白板上畫的圖好不好看重要得多。

個人思考也是這樣，一個人的頭腦中可能有不同的聲音，同時考慮這些聲音時，記憶體不夠用了，就乾脆都先寫出來，然後思考整理，自己和自己開會。這個，才叫心智圖——爲了引導心智而畫張圖。

所以一張實用主義的心智圖必定是非常潦草雜亂的，上面畫滿了各種連線、重點符號、畫掉符號，就好像計算紙一樣。

我寫文章經常要畫這種草圖。一開始想法很多都先寫下來，用連線表示邏輯結構，慢慢釐清思路，再畫掉一些，最後形成題綱。這種圖都是用完就扔，並不具備任何美學價值，但我想貼出一張我在實戰中畫的圖（如圖24-1）。

這是我寫下一篇〈我怎樣管理資訊？〉的文章時所畫的圖。畫圖的時候並未想到要把它公諸於世，隨便找了張紙，寫得很潦草，有些字還寫錯了，現在等於是獻醜。但我想拿它說的就是，心智圖是自己用的！

花俏的裝飾和美觀的外形未必實用，眞正的武器身上應該有創傷，有錯誤，有煙硝的味道。

第25章

我怎樣管理資訊？

只要你從事腦力工作，不管具體做什麼，你做的其實都是同一件事——吸收大量外界資訊，讓這些資訊在你頭腦中發生化學反應，然後創造新資訊。以前我進行物理研究，現在我是科學作家，都是在和資訊打交道。我想分享一點資訊管理的經驗。

有關資訊管理，大概有兩種錯誤的思想。

一種是想要用大腦記住資訊，強調記憶力。現在有各種記憶術、記憶力培訓班之類的，就是由此而來。在網路時代，這種依靠蠻力的思想實在太落後了——**人腦應該是用來想事情的，不是用來記事情的**。

另一種是強調搜尋，指望什麼資訊都臨時去網上找——這就太業餘了。比如你看到一篇有價值的文章，只要你覺得將來可能還需要再看這篇文章，你就應該把它保存下來，而不能指望日後再去找。你可能會忘記關鍵字，甚至把整件事都忘記。

正確的做法，是使用一個外部系統，專門儲存個人化的資訊。

所有學者都是這麼做的。過去人們使用筆記本和檔案櫃，現在我們有更方便的工具。

我用的工具是 Evernote，已經用了七年了。它也有個中文名稱叫「印象筆記」，接下來我就以 Evernote 爲例，講三個資訊管理的經驗。

搜集

人腦很不擅長提取記憶裡的東西，但是很擅長識別東西。如果讓你列舉你所知道的所有美女，你大概一時之間說不上來多少個；但是當你看到一位美女，你馬上就知道這是美女。所以我們要專注於識別，而讓電腦幫助我們提取。

看到任何可能有價值的資訊，我的第一反應都是存在 Evernote 裡。Evernote 有自己的伺服器，所有內容都同時保存在載體和雲端，可以跨平臺保存和提取。它有自己的瀏覽器外掛程式，可以抓取網頁內容；它在手機裡幾乎和每一個涉及閱讀資訊的 App 都能對話，你還可以用發電子郵件、拍照和錄音的方法搜集資訊。

提取資訊最好的辦法是搜尋。ＩＢＭ做過一個研究，讓人去找一封電子郵件，有的人喜歡搜尋，有的人喜歡平時就把郵件分類。結果善用搜尋的人平均只需要十七秒就可以找到他想要的郵件，而利用分類的人則需要五十八秒。

但一定程度的分類也是必須的。生活用的檔案應該單獨放在一個目錄（Evernote 中叫作「notebook」的功能）下，好比報稅資料應該單獨放一起。凡是你需要回頭大量概覽的內容，都應該有自己的目錄。以寫作為例，我的 Evernote 中有這個目錄（如圖 25-1）。

圖 25-1

v 寫作
-111 Idea 項目
-Idea 片段
- 寫書規畫
- 寫作心得
- 已發表
- 草稿

任何時候產生一個有可能變成一篇文章的想法，我就在「111 Idea 項目」這個目錄下新建一條筆記；如果這個想法只適合在某篇文章裡做素材，那就進入「Idea 片段」。

搜集的精神在於，有了專業的管理工具，你就應該把任何可能有價值的東西都記錄下來。運算軟體 Mathematics 的發明人史蒂芬．沃爾夫勒姆（Stephen Wolfram），甚至具體到把自己在鍵盤上每一次擊鍵的動作都記錄下來。我覺得這有點誇張，但是他這個精神是對的。

記下來，你就不用惦記它了。這其實也是解放大腦！

合作

Evernote 還是個很好的圖文編輯器。我有個朋友，以前做編輯，後來辭職自己寫作也很成功。他特地問我：你交給我的稿子都是清爽漂亮、容易編輯的文檔，用 Word 文書處理軟體該怎麼做呢？

我就說，專業作家不應該用 Word 寫作。Word 也許是個排版工具，但肯定不是寫作工具。我寫書用 Scrivener 這個軟體，寫短文都直接用 Evernote。Evernote 能直接把文章生成 html 文檔，發給任何一個人，他根本不需要安裝什麼軟體，在任何平臺用瀏覽器直接就可以打開，而且所有文本的格式都保留了。

Evernote 還允許你公開分享任何一條筆記。只要發個連結，所有人都能看這條筆記。更重要的是，Evernote 允許幾個人共用一個目錄。這幾個目錄是我寫「精英日課」專欄用的（如圖 25-2）。

v「得到」專欄
-B 素材
-Draft
- 交稿
- 已發布

圖 25-2

我和專欄主編，以及「羅輯思維」的幾個同事共用了其中「交稿」和「已發布」這兩個目錄。寫好一篇文章我就放在「交稿」目錄中，主編隨時能看到，也隨時能修改。哪些文章已經發布，還剩下哪些文章可以發，所有相關人員都一目了然。我簡直無法想像如果都用電子郵件交流，得多費多少力氣！

圖 25-3 的這些目錄則是我的讀書筆記。

我現在讀寫量太大，只能用錄音的方法記筆記，然後請助理把錄音整理成書面文檔。我讀一段書，有什麼心得感想就直接用 Evernote 錄音，把錄音保存在「錄音筆記」目錄下。我的助理隨時能看到，有時間就幫我整理。我不用特意告訴她新錄了哪些筆記，她也不用告訴我整理到了哪裡，所有工作進度一看便知。

主編、助理和我，我們在不同的地方，甚至是不同的時區工作。但是我們一交流都是在說大事，幾乎不用花時間做技術性的協調同步。

創造

最後說兩個 Evernote 的專業功能，是用來思考創造的功能。我們還是以寫作為例。

圖 25-3

∨ 讀書筆記
- -000 錄音筆記
- -Merged 錄音筆記
- 書評摘錄
- 已整理錄音筆記
- 已整理讀書筆記
- 錄音整理
- 新讀書筆記

第一個功能是，你可以在一條筆記中插入另一條筆記的連結。這個功能很簡單，但是意義重大。

從二〇一二年開始，我對貧富差距增大這個話題非常感興趣，一直想寫篇文章來解釋爲什麼現代社會的貧富差距會愈來愈大。我的做法是先在「111Idea 項目」目錄中建一條主要筆記，然後一遇到相關的素材，比如新的研究結果，就把保留該素材的筆記連結到這條主要筆記。

打開這一條主要筆記，其中每條連結都指向一個相關的素材。這樣幾年時間內，我搜集了好幾十條素材，想得愈來愈多，雖然文章到現在也還沒動筆，但這個思路是清楚的——不成熟的想法先放著，慢慢累積，當素材夠了，自己想明白了，就能動手。而

Evernote 的關鍵作用在於，你不用平時總惦記這個想法，它就老老實實待在那裡，你隨時有新東西都可以去補充它。這不僅僅是寫作的問題，這是借助一個外部工具，把想法壯大起來。

其實我還需要一個功能：自動告訴我一條素材在哪些筆記中引用過。這能引發更多聯想，希望將來 Evernote 能有這個功能。

第二個功能是，Evernote 能透過可能是詞彙匹配之類的演算法，自動發現一條筆記的「相關內容」。

比如《大西洋月刊》上有一篇文章介紹心理學家保羅・布倫（Paul Bloom）的書《失控的同理心》（*Against Empathy*），說的是同理心氾濫對現代社會的害處。我把文章保存在 Evernote。Evernote 就根據這條筆記的內容，自動發現了六則「相關內容」（Context），其中三條來自我以前的筆記，三條來自最近的媒體文章。這至少告訴了我三件事：

第一，保羅・布倫早在二〇一三年就在《紐約客》雜誌發表過一篇類似內容的文章。我看過那篇文章還保留了，但是現在全忘了。

第二，文章中提到精神病人的決策能力可能更強，而我之前讀過的一篇書評，也講過類似的觀點。

第三，保羅・布倫最近還在《華爾街日報》上發表文章，介紹了他這本書。

我沒有做任何搜尋，這些都是 Evernote 主動告訴我的。更重要的是，這顯示 Evernote

已經在模擬人腦的思維了！人腦發揮創造力最重要的一個手段，就是把兩個不同的想法連結起來。這個連結愈是意想不到，創造出來的東西就可能愈有意思。想要讓想法互相連結，你得先擁有很多想法才行，而現在你可以把想法寄存在一個外部工具裡，讓電腦幫你建立連結！

但是 Evernote 做得還不夠好。另一個工具 DEVONthink，能用更複雜的演算法提供更多的相關內容，而且還有量化的相關度評估。可是 DEVONthink 的其他功能實在遠遠不如 Evernote，所以我特別希望 Evernote 收購 DEVONthink。

不論如何，有這樣的工具，等於是用電腦輔助寫作。這就是爲什麼「精英日課」專欄能做到每日更新，我永遠不缺資料，我的煩惱是資料太多怎麼取捨。我完全不擔心有什麼人工智慧寫作軟體，倒希望這些軟體愈強愈好，爲我所用。

希望讀者能把 Evernote 用在平時的學習、工作和研究中。但我希望看到更多的人使用這些方法，寫出有乾貨、立基於嚴肅研究結果的好文章來。那些無病呻吟的雞湯文字根本配不上這個時代。

而現在如果有哪個作家還在用複印和剪報搜集資料，用 Word 寫文章，他面臨的是像我這樣的作家的不公平競爭。

第26章

強力研讀筆記法

讀書筆記的一個重大作用，是給自己日後以最快速度重溫這本書提供方便，直接看筆記就可以。畢竟還有別的好書等著我們去讀，所以筆記最好要寫到可以取代原書的程度。

我看過很多平庸的筆記，寫的就如同小學生記課文的中心思想和段落大意一樣。網上有很多人用畫「心智圖」的方法來做讀書筆記，這種方法意義也不大。流水帳式的讀書筆記就好像用胸圍、臀圍、腰圍這三個數字來描寫一名美女一樣無趣。

強力研讀要求的讀書筆記必須包括四方面的內容：第一，清晰表現每一章的邏輯脈絡；第二，帶走書中所有的亮點；第三，大量自己的看法和心得；第四，發現這本書和以前讀過的書或文章的聯繫。

一般人的筆記只有摘要、概括。能做到第一點，找到邏輯脈絡，就已經算優秀筆記了。我只看到過極少的人偶爾在筆記中插入書中亮點。至於後面這兩點，能做到的可謂是鳳毛麟角。但唯有做到全部四點，你才能把一本書的效用發揮到最大。你會發現這個回報是巨大的。

清晰表現每一章的邏輯脈絡

我習慣完全按照原書的章節給讀書筆記劃分章節，甚至保留各章的標題。在每一章的開頭，用自己的話寫下這一章作者到底想說什麼，各章串起來就形成了系統。

不過這種內容提要並不重要，重要的是一定要能看出作者的邏輯脈絡。大多數人之所以沒有眞正理解一本書，就是因爲看不到這個脈絡。每一章的邏輯結構如果眞寫出來也許只有幾句話，可是這幾句話卻常常分布在好幾十頁之中。善於寫書的作者往往會在書中收錄大量引人入勝的小故事，包括研究案例、歷史典故和名人軼事，唯有把這些小故事串起來，我們才能看明白作者到底在說什麼。單獨看其中一個故事，每個人都會對這個故事有與眾不同的解讀。然而這個故事在書中的作用卻往往會被人忽略，最後只記住了小故事這棵樹木，而看不到它們組成的森林。

現代人喜歡小段子，往往能記住作者講的笑話而忘了作者的本意。在美國歷史上，在還沒有電視、網路，所謂的「印刷機時代」，總統候選人史蒂芬．道格拉斯（Stephen Douglas）曾經和林肯有過連續七場的著名辯論。道格拉斯口才極好，經常口出妙語，但是他告誡聽眾不要爲妙語鼓掌。

《娛樂至死》這本書是這麼說的：

道格拉斯甚至批評他的聽眾，說他需要的是聽眾的理解而不是激情，說他的聽眾應該是沉思默想的讀者才好……閱讀要求的是理性思考。一個好的讀者不會因為偶然發現了什麼警句妙語而欣喜若狂或情不自禁地鼓掌——一個忙於分析的讀者恐怕無暇顧及這些。

我們小時候學習的「中國古代寓言」，就是從古書中提出來的小故事，而我們對這些寓言的解讀往往背離古人寫書時的本意，我們記住了故事，卻忘記了文章。所以讀書筆記的第一作用就是拋開故事，記住文章。讓一本書從厚變薄，從具體的山川景色變成抽象的地圖。只有當你跳出字裡行間，以居高臨下的姿態俯視全章，它的脈絡才能變得清晰。看清楚以後不要抄作者的話，用自己的語言把這個脈絡寫出來，就好像畫地圖一樣。

帶走書中所有的亮點

但是如果一個小故事實在是好，我們也得把它留下。好的讀書筆記是不均勻分布的。**筆記，是我聽說了一個想法之後感到激動，必須把這個想法記下來據爲己有的行爲**。所以邏輯脈絡之外，如果發現眞正好的小故事——我們稱之爲「亮點」——那麼就把這個故事也寫下來，甚至具體到細節。一方面，將來萬一要做寫文章之類的事，從筆記裡翻出來就可以用。更重要的一點是，這些故事日後將會反覆地在我們的大腦中出現，它們用各種出其不意的方式左右我們的思想，直至改變我們對世界的認識。你不得不承認有些段子的生命力就是比其原來所在的文章更長，以至於最後成爲典故。

我用電子閱讀器 Kindle 看其他人對一本書畫的流行重點語句，發現這些語句大都是總結式的，就好像小學生在課文裡發現的重點句一樣，通常是段落的第一句或者最後一句。眞正的高手讀書不能用這種線性讀法，而應該是「戲劇化」的。作者的哪句話令人拍案叫絕？哪句話一語驚醒夢中人？應該凸顯這樣的東西，並且記下來。我有時候聽鳳凰衛視的《開卷八分鐘》，這是一個向觀眾介紹書的電視節目。我發現其他幾個主持人往往傾向於在節目中系統全面地介紹一本書的內容框架，而梁文道則總能在一本書中找到幾個單獨的亮點，常常拿出一兩個意味深長的故事給觀眾，讓人能夠體會到原書作者的個性。讀書筆記也得有這個效果。

讀書，在某種程度上就是尋找能夠刺激自己思維的那些亮點。我們在分析脈絡的時候要忽略故事，分析完脈絡再把故事帶走。

大量自己的看法和心得

強力研讀是一種主動式的讀書。要在筆記中寫下自己對此書的評論，好像和作者對話一樣。我現在的做法是把自己的評論全部放在方頭的括號中，將來翻閱的時候哪些是書裡的、哪些是自己的一目了然。

藏書人認為書的乾淨最重要，所以他們不看書；低水準讀書人看完的書上畫滿了重點線；而高水準讀書人看完的書上寫滿了批註。歷史上強者讀書都喜歡在書頁的空白處批註。

你不可能對說得好的一段話無動於衷，因此你可以寫下自己對這件事的理解，你還可以寫下對作者的質疑或肯定。更高段的批註則是寫下自己因為看到這段文字而產生的靈感。

一本好書都能讓人迸發出十個以上的靈感。對於一直關注的問題，也許你透過這本書突然想到解決辦法——儘管那個問題看似與此書無關；也許你想到了對書中思想的一個新應用；也許你可以把作者的理論往前推一步。這些想法未必都真的有用，但是都非常寶貴，因為如果你不馬上記下來，它們很快就會被忘記。也許多年以後翻閱筆記的時候，你會覺得自己的心得靈感比原書更有價值。

發現這本書和以前讀過的書或文章的聯繫

當你讀過的書多到一定程度，你就會發現書與書之間是存在聯繫的，尤其是現代人寫的書，極少有一本書的思想完全獨立於世界，往往真正新的知識都建立在舊的知識之上。針對某個問題，別的書是怎麼說的？有沒有更新的證據支持或反對這個結論？要找到它們的共同點和不同點。一個真正善於主動讀書的人對這種聯繫是非常非常敏感的。前文提到，我現在使用 Evernote 整理讀書筆記，這個工具有個好處是可以把每一份筆記都生成一個可供別則筆記直接點擊和引用的連結。我的筆記中經常出現這樣的連結，用於指出書與書之間的聯繫。

我們小時候都曾經有一段時間對新詞彙非常敏感。比如你可能從電視上聽說了一個成語，你不能確定這個成語的準確意思，但你覺得這個詞挺好。結果在接下來的幾個月甚至幾天之中，你多次遇到這個成語！你可能會奇怪怎麼以前沒注意到它，難道這個詞最近專門愛找你嗎？一個讀書人對新的知識就能保持這樣的敏感。你一旦發現一個有意思的新課題，並且讀了這方面的書，你就會主動或者被動地多次與這個課題相遇。你剛放下這本書，一上網又看到一篇這方面的文章。過幾天你打開手機又發現社群上有人正在討論它。這時候你應該怎麼辦？應該打開 Evernote 整理一份這方面的筆記！

如果你讀過足夠多的書，你會獲得一種更難得的經歷：感受人類知識的進步。你會發現一個問題在這本書裡是這個說法，而過了幾年之後有人另寫的一本書中，引用了更有力的證據，把整個結論改變了；有時候你會贊同這個新結論，有時候你會反對；有時候你必須從幾本書的幾個不同結論中判斷哪個最可靠；有時候你會覺得他們說的其實都不對，只有你知道正確答案。到了這個層次，你已經跟書的作者完全平等了，你甚至可以俯視他們，評判他們之間的高下。這時候你又應該怎麼辦？應該寫篇文章發出來！

筆記，是對一本好書最大的敬意

好書之所以要讀兩遍，最重要的目的就是獲得這些心得、靈感和聯繫。對一本關於我們不太熟悉的領域的書，第一次讀的時候我們往往會陷入作者的思想之中，我們大腦全部的頻寬都被用於理解作者的思想，而沒有更多的餘地去產生別的想法。「幽默是智力過剩的表現」，想法也只在頻寬過剩的時候才會冒出來。只有當你讀第二遍的時候，你才能氣定神閒地發表意見。第一遍讀是爲了陷進去，第二遍讀是爲了跳出來。

筆記，是對一本好書最大的敬意。讀書筆記是一種非常個性化的寫作，是個人知識的延伸。它不是書評，不是爲了公開發表，完全是寫給自己。也就是可以完全專注於意思，而不必關心文筆。雖如此，閱讀寫得好的讀書筆記仍是一種樂趣，若非重要的書，直接讀筆記可以節省大量閱讀時間。「豆瓣讀書」網站就有個專門的系統讓讀者分享筆記。

如果做不到強力研讀的筆記標準，隨便做個一般水準的讀書筆記，對自己也有交代，最起碼能加深記憶力。曾經有一項研究讓受試者閱讀一篇科學類文章，然後分三組：第一組多讀幾遍，第二組針對此文畫個「概念圖」，第三組用十分鐘寫一篇相關文章。一週以後對受試者進行測試，結果寫文章這組記憶的成果，甚至這時候再讓他們畫概念圖的成果，都勝過其他兩組，畫概念圖的效果甚至還不如多讀幾遍。所以「眼過千遍，不如手過一遍」這句話是對的，而且用心智圖做筆記眞的沒用。

PART6

無為第六

第27章

莊子「無為」的一種科學解釋

莊子的「無爲」是個古老話題，國內學者的研究早就汗牛充棟了。但是我敢打賭，哪怕你是一位國學大師，接下來我所要說的內容，也會讓你耳目一新。

一位西方學者用腦科學的最新研究結果給莊子的「無爲」提出了一個解釋。這句話聽著有點不可靠，但我仔細研讀了他的理論，現在覺得這是我所聽說過的關於「無爲」的解釋中，最可靠的一個。

我要說的這本書是《爲與無爲》。作者森舸瀾是加拿大不列顛哥倫比亞大學的教授，一位著名漢學家。

什麼是無爲？按照森舸瀾的觀點，好比NBA球星打球，那種隨投隨中、如入無人之境的表現，或爵士樂手輕鬆自在的即興表演，他們和莊子說的「庖丁解牛」不是一樣的嗎？這就是無爲。

「無爲」的迷思

首先，無爲是一種個人狀態。森舸瀾說，無爲就是「not trying」，不刻意追求，不用意識控制，好像特別放鬆地去做一件事，結果做得非常自然。

注意，有些人誤以爲「無爲」就是什麼都不做，所以得出結論說老莊的思想特別消極，那就錯了。森舸瀾理解的無爲不是不做事，而是做得特別自然，讓人感覺他毫不費力。

做事達到無爲的水準，反而需要艱苦的練習！森舸瀾甚至說儒家培養人的最高目標也是無爲。古代中國人從小要背誦許多經典，學習禮儀，得知道鞠躬時腰要彎到什麼角度，進入房間怎麼邁步，而且要坐得筆直——這些基礎訓練的目的，一方面肯定你是受過訓練、有教養才會這麼做，另一方面也代表你能把這些儀禮做得特別眞誠自然。

這種「自然」，是庖丁解牛式的自然，它和一個沒有受過訓練的人傻乎乎地往那一站的「自然」完全是兩碼事。用英文表達就是「natural doesn't come naturally」。這樣的自然，就是無爲。

其實我們在日常生活中，有時候也能進入無爲的狀態。比如你有能力，有自信會與人相處，去參加一個工作面試，聊得特別融洽，說話特別眞誠，雙方都很自然，那可能時間很快就過去了，你都沒注意到自己是怎麼表現的，結果就是最好的表現。這個狀態，就比那些一進房間都不知道該先邁哪條腿，生怕自己握手的姿勢不對，每說一句話都字斟句酌想半天的人，不知好到哪裡去了。

注意，「無為」和「熟練」不一樣。我有時候看一些小孩彈鋼琴，彈得非常熟練，但我總覺得他們只是把這個曲子彈「對」了，而沒有做到彈「好」。我們看爵士樂表演，樂手無疑是非常熟練的，但是他們熟練之外還有一種靈氣，能帶一些即興的東西，就好像有靈魂，或者用中國話說就是有「神」，這才是真正的高明之處。

不生硬，不刻意，還要有靈氣，這才是無為。森舸瀾的高明之處，還在於他從現代腦科學中給無為找到了一個理論解釋。

「自動」與「刻意」

很多人都知道，人的思維大致可以分為兩個系統：一個快速的、自動的、不需要主觀努力就能運行的「系統1」，森舸瀾稱之為「熱認知」；一個慢速的、刻意的、需要費力的「系統2」，森舸瀾稱之為「冷認知」。熱認知系統大體來說是無意識的，比如我們日常的動作，走路、開車，並不需要先想好動作要領，就能自動完成。冷認知系統需要隨時做判斷，費時費力，但它的好處是面對新資訊能夠隨時調整，給不同任務設定新的優先順序。

在解釋「無為」之前，我們先來把「自動」和「刻意」做個對比。為此，我們先來做個小實驗。首先，請你按順序讀出以下這五個詞：

灰色
黑色
黑色
灰色
黑色

作爲一個以中文爲母語的人，你肯定讀得非常流利。這就叫「熟練」。

現在請你讀出這五個詞，但是注意，你要讀的是每個詞「自身的顏色」，而不是這個詞所寫的顏色：

灰色
黑色
黑色
灰色
黑色

如果你以前沒玩過這個遊戲，我猜你讀前三個詞的時候是比較順暢的，因爲它們的顏色與字面意義一致；但是讀到第四、第五個詞，你可能就會稍微停滯一下，因爲它們的顏色和字面意義相反。這就叫「刻意」。

這個實驗在心理學上非常有名，已經有了七八十年的歷史，叫作「斯特魯普任務」（Stroop Test）。你剛才的小停滯，叫作「認知控制」。也就是說，靠熱認知自動運行已經無法完成任務，冷認知出手控制了一下你的動作。

人腦中有兩個區域負責認知控制。第一個區域叫「前扣帶迴皮質」（Anterior cingulate cortex，簡稱ACC），它的功能相當於一個煙霧警報器，一直開著監控局面。ACC一旦發現異常情況，就會向第二個區域「外側前額葉皮質」（Lateral prefrontal cortex，簡稱LPFC）報警。這個LPFC的作用相當於救火隊，它更重要的功能是大腦中的決策系統，它會給大腦中各個部分下命令處理這個情況。

所以，當你看到第一個黑色的「灰色」時，ACC向LPFC報警，LPFC對照遊戲規則，就會命令視覺系統忽略這個詞的「意思」，而關注這個詞的「顏色」，並且命令你的文字處理系統閉嘴，不要按照字面意思去發音。

一個不熟練的人做斯特普魯任務，需要不斷地啓動這兩個認知控制系統。等你熟練了，能夠自動只看顏色忽略字面意義，那麼整個任務就被交給熱認知在潛意識狀態下完成，而把冷認知省下來做別的事。

「刻意」，就是ACC和LPFC同時打開。任務主要由慢速的冷認知系統完成，整個動作是有意識的。「熟練」，就是ACC和LPFC同時關閉。任務主要由快速的熱認知系統完成，整個動作是無意識的。

進入最佳狀態

那什麼叫「無爲」呢？森舸瀾介紹了一個特別厲害的實驗：科學家在爵士樂鋼琴家演奏時，用功能性核磁共振掃描他的大腦。鋼琴家表演的是他非常熟悉的曲子，並且加入即興發揮，也就是進入了「無爲」的狀態。掃描發現，這時他腦中的「救火隊」，也就是LPFC關閉，而他的「警報器」，也就是ACC反而增強了！鋼琴家沒有刻意控制自己的身體，也不在意手指怎麼運動，但與此同時，他對周圍環境有非常機警的感知。

無爲，是意識和潛意識、冷認知和熱認知的完美合作。意識放開了身體，讓身體自發地、非常自然地去做一件事，而與此同時，意識又保持了高度的敏銳。

舉個足球的例子，你就更明白了。以前江蘇舜天隊的主教練達拉根·奧古卡（Dragan Okuka）對中國球員有個批評。他說中國球員基本功都還行，下底傳中的動作做得有板有眼，但是意識不行——球員經常跑到那個位置就來一腳標準的傳中，可是根本不顧現在禁區裡是什麼情況啊！

這就是光有熟練而沒有達到無爲。大牌球星的傳球動作，也是那麼熟練那麼自然，可是人家把ACC系統開著，能隨時根據場上不同情況，調整傳球路線。而且這個調整又特別自然，還不能是「一停，二看，三傳」那種刻意動作！

無爲和熟練、無爲和刻意之間，就差那麼一點點。這一點點，值得一個高手用一生去追求。森舸瀾在全書開頭引用了兩名NBA球星的話，來描述在進入無爲的狀態下打球是一種什麼樣的體驗，他們管這個叫「進入最佳狀態」（being in the zone）：

帕特・蓋瑞蒂（Patrick Garrity）說：「感覺球特別輕，投籃毫不費力。你甚至根本不用瞄準。你放開了一投，你就知道它肯定進……就好像一場美夢，真是不想醒過來。」

喬・杜馬斯（Joe Dumars）：「就好像一個靈魂離體的體驗，你自己能看見自己一樣。幾乎感覺不到對方的防守球員，如入無人之境，那哥兒們太慢！你甚至聽不到場上的雜訊……第二天訓練的時候你就想，天啊，我為什麼不能每天晚上都那麼打？」

在中國足球跌入歷史最低谷，國家隊的青年球員連「熟練」都沒做到的時刻，奢談「無爲」，簡直有點諷刺。不過在我看來更有諷刺意味的是，也許現在全世界最懂「無爲」的人，是個加拿大人。

而《莊子》中講庖丁解牛的深意，並不是研究NBA球員或者中超球員怎麼打球，其最後一句話是——「文惠君曰：『善哉！吾聞庖丁之言，得養生焉。』」

第28章

主動操作大腦

現在美國有很多力量正在積極探索「出神技術」，讓人進入「心流」狀態。心流的一個好處就是能提升創造性思維，解決複雜問題。尋求一個難題的答案也好，打遊戲也好，看電影也好，只要你曾經特別專注地做一件事，你就在不同程度上體驗過心流。史蒂芬·科特勒（Steven Kotler）和傑米·威爾（Jamie Wheal）的《盜火》（*Stealing Fire*）這本書說，出神體驗有四個特徵：

一、忘記自己。

二、忘記時間流逝。

三、獲得豐富資訊。

四、做複雜工作毫不費力，而且有強烈的愉悅感。

前兩點很簡單，我們看電影的時候都能體驗到，關鍵在於後兩點。怎麼達到高段的心流水準呢？我讀這本書的一個感受，就是我們首先要有一個新的觀念。

本來，我們是把大腦當成「自己」，用大腦控制其他東西。但這些出神技術的出發點，都是用其他東西控制大腦。也就是要把大腦當成一臺普通機器，對它進行主動操作。

冥想也好，電磁刺激也好，藥物也好，無非是一些操作大腦的手段。手段並不是最關鍵，關鍵是要把大腦操作到什麼狀態。《盜火》一書中描述了心流狀態的一些基礎原理，我看非常值得了解。這些技術最核心的原則，就是要把頭腦中的幾個聲音關掉。

人並非只有一個單一的自我，我們的頭腦中其實有各種聲音。參加聚會時面對一塊蛋糕，你頭腦中的一個聲音說想吃；另一個聲音說不能吃，要減肥；還有個聲音猶豫著不吃是不是不給主人面子，更有個聲音擔心吃蛋糕的形象會否不好看……人腦是一場爭論，我們有多個自我，他們開討論會決定下一步怎麼辦。

又比如你正在做一件高難度的腦力工作，你頭腦中一個聲音想討論今天晚上吃什麼；另一個聲音說昨天那場比賽輸了，眞遺憾；又有個聲音考慮著把這個工作做好會取得什麼評價，還有一個聲音說你自己一個人留在公司幹活眞了不起……那麼就算沒人打擾你，你也沒玩手機，這也不能算專注工作。必須關閉幾個聲音。

要關閉哪些聲音呢？如果你現在已經很有知識，掌握了專業技能，正在做一件創造性的工作，那麼你應該關閉「前額葉皮質」（prefrontal cortex）的一部分功能。

因爲我們現在想要的是「熱認知」主導的「無爲」，而前額葉皮質主管「冷認知」。具體來說，你要關閉前額葉皮質主管的兩個聲音：一是「自我批評」，二是「時間感」。

按照書中說法，從初級到高段，整個過程差不多是這樣的。

忘我

我們大腦中有個自我評價的聲音。

比如現在面對整屋子人，讓你上臺唱首歌，你可能會很緊張，因爲你擔心別人怎麼看你，萬一唱得不好聽、動作不自然怎麼辦？結果你愈想愈緊張，表演就愈不自然。

所有專業演員都追求在表演的時候要全面投入到角色之中，忘掉自己。我曾經看過一段影片，劉國梁訓練國家桌球隊員，故意要求球員把球從球網上空一個非常狹小的空間發過去。結果劉國梁能發過去，幾個隊員就發不過去。劉國梁說，這不是技術問題，這是心理問題。特別是面對關鍵球，你容易想「多」，就容易緊張，動作就僵硬變形。

大賽之前練心理，也許練的就是怎麼關閉這個自我評價的聲音。

森舸瀾的《爲與無爲》也是特別強調忘記自我。《莊子》裡面的人物一旦去做個什麼大事，就要花幾天時間做「忘記」的工夫。

去除時間感

前幾年流行一本叫《奇特的一生》（*This Strange Life*）的書，講一個蘇聯人柳比歇夫（A. A. Lyubishchev）做事非常有效率，他的一個特點是特別有時間感。柳比歇夫似乎永遠都知道現在是幾點鐘，做一件事已經花了多少分鐘。我們非常佩服柳比歇夫，但是請注意，柳比歇夫花時間做的是搜集昆蟲標本之類的事情。這種工作沒有什麼創造性，並不需要調用太多的大腦計算頻寬。

如果你要解決一個複雜問題，需要用到創造性思維，就應該忘掉時間。

大腦中並沒有一個專門的區域負責計時，時間感分布在前額葉皮質的各個部分中，來自隨時的計算。忘記時間，可以釋放出一些寶貴的計算頻寬。

忘記時間還意味著專注做事的時候不要考慮過去，也別擔心未來，要專注於眼前！

書中用了個詞叫「深度的現在」（deep now）。當你忘記時間、忘記自我，你就有了更多的計算頻寬，你可以接收和處理更多的資訊。

獲得豐富資訊

從初階到高段，《盜火》一書把「心流」總結成一個一步一步深入的過程。

平常狀態下，我們保持有意識的機警，大腦的前額葉皮質活躍，腦波是β波。

當你進入工作狀態，「心流」的前兆是大腦分泌「正腎上腺素」和「多巴胺」這兩種激素。它們能幫你集中注意力，提升敏感度。

等你慢慢關閉掉大腦中的一些聲音，β波就會逐漸被α波取代。α波是一種安靜舒適的腦波，比如做白日夢的時候會產生 α 波。這時候你就會獲得平時沒有的視角，你看問題會有一種新鮮感。

等到你進一步深入，大腦會分泌「腦內啡」和「花生四烯乙醇胺」（也叫「大麻素」）這兩種激素。它們的作用是減輕痛苦，你的不適和壓力都減弱了，這將進一步讓你集中注意力。特別是「花生四烯乙醇胺」，它特別擅長建立遙遠的連結，把頭腦中兩種不同的東西連結起來，這就有可能帶來創造性的發現。

當你真正深入到極致的時候，大腦將進入 θ 波狀態。θ 波通常是我們在睡眠中才有的腦波，這個時候你的大腦已經處於一種半睡眠狀態。現在更多的區域關閉了，潛意識開始占據主導地位。

我們有意識的理性思維處理資訊的頻寬非常低，大概每秒鐘只能處理幾十到一百個位元（Bit）。要知道，如果有一個人在你旁邊說話，他提供的是六十位元，如果兩個人同時和你說話，那你腦中的所有頻寬就都被占完了。

可是潛意識接收資訊的量就非常大了，甚至有人說是每秒能接收上億位元。這個理論我不太理解，如果我意識不到，那這些資訊存在哪裡了呢？不論如何，我們在潛意識爲主導的心流狀態中應該能夠接收和處理更多資訊，更容易建立想法連結，計算的速度也更快。

到了這一步，大腦會分泌「血清素」和「催產素」，這兩種激素讓我們感到和平、幸福、充滿信任感，正好有利於把資訊綜合起來處理。

做事毫不費力

爲什麼我們在心流狀態中做事會感到毫不費力，還充滿愉悅感？因爲前面提到的在心流不同階段出現的這六種激素——正腎上腺素、多巴胺、腦內啡、花生四烯乙醇胺、血清素、催產素——都是帶來愉悅感的激素。

這就是工作的樂趣！有些人認爲工作是很辛苦的事情——什麼推遲享樂、學會做取捨啊，今天的受苦是爲了明天能享受更多等等——他們說的肯定是簡單勞動。對於高級智力活動來說，工作充滿樂趣。這就是爲什麼極端式的成功者把工作視爲最大的樂趣。

而且大腦能分泌的愉悅感激素也就只有這六種。一次完整的心流體驗，能讓你享受全部六種快樂激素！這就是爲什麼心流會讓人上癮。有人不惜冒生命危險也要去攀登最高的山峰，大概就是追求這種體驗。一個藝術家完成了一件作品，一個數學家證明了一個定理，那種興奮感，也許都在這裡。

所以心流並不神祕。此書作者說，只要你是爲了一個明確目標努力，你大致都能體會到工作帶來的愉悅感。

第29章

天才和瘋子的一線之隔

前幾年流行一本書叫《天才在左瘋子在右》，作者應該是一個經常和精神病人接觸的人。他筆下的精神病人都有非常豐富的想像力，有各種離奇的事蹟。我不知道那些故事是眞是假，但是絕對符合我們平常的印象，精神病患者的思路非常廣，簡直就是天才。

的確，有些天才人物存在類似瘋子的特徵。比如因為電影《美麗境界》（*A Beautiful Mind*）被我們熟悉的數學家約翰．納許（John Nash），曾經在很多年裡受精神病的困擾，無法區分幻想和現實，但是他獲得了諾貝爾經濟學獎。中國人受宣傳和報導文學影響，對科學家的印象一般是人畜無害的「默默奉獻」者；而美國人則受漫畫和英雄電影影響，心目中有一個「瘋狂科學家」的形象，感覺從事科學研究的人都比較瘋狂。藝術家更是如此，像梵谷（Vincent Van Gogh）、海明威（Ernest Hemingway），中國詩人海子、顧城，人們一致認為搞藝術的都有點各種程度的瘋子特徵。

那麼，天才和瘋子之間到底有沒有必然的聯繫？想要有「創造性」，是不是就必須要「任性」呢？《鸚鵡螺》雜誌有篇文章，叫〈如果你認為你是天才，那麼你就是瘋子〉（If

You Think You're a Genius, You're Crazy），作者是加州大學戴維斯分校的心理學教授迪恩・西蒙頓（Dean Simonton）。

這篇文章屬於我最讚賞的一種新型科學寫作——他直接引用一些最新的科學研究結果，講了一個以前從來沒被說明白過的道理，並且提供一個新思想。這不是「科普」，這是來自研究前線的分析報告。

老百姓覺得天才和瘋子關係很近，而有些善於理性思考的人認爲天才和瘋子是兩碼事。第一，天才人物這麼多，其中有幾個人瘋了，並不能說明兩者之間有什麼聯繫；第二，我們沒聽說過有哪些偉大思想或者藝術品是精神病院生產出來的。

從重要的細節裡找靈感

那麼心理學家怎麼說呢？根據西蒙頓的研究，近年來心理學家的研究結果是，天才和瘋子之間的確有個共同點。這個共同點叫作「認知抑制解除」（cognitive disinhibition）。

我先說說什麼叫「認知抑制」。生活中我們每時每刻會接觸到大量資訊，按高畫質電影計算的話，大概每秒鐘幾百萬位元，而大腦的注意力能夠處理的資訊，我聽到過一個說法，也就是每秒幾十到一百位元。這就意味著你必須大量忽略資訊。比如你和一個陌生人見面，可能把重點放在看他的臉，而不會注意他的衣服上有幾顆鈕釦。再比如你每天上班都見到的同事，你會注意他的變化，而忽略他不變的東西。這個時刻忽略和過濾資訊的本能，就叫「認知抑制」——這是一種本能，不用學，每個人都自動進行。

而「認知抑制解除」，則是說有的人能解除這個認知抑制的本能，專門注意到被一般人忽略掉的資訊，並從中發現一些東西。舉個例子，青黴素的發明人亞歷山大．弗萊明（Alexander Fleming）做實驗時，在培養皿裡面放了細菌培養液。偶然一次機會，弗萊明注意到他的培養皿裡有一處藍色發霉的地方，這個黴點周圍沒有細菌，好像細菌都被殺死了。弗萊明注意到這個細節，他抓住機會深入研究，結果就發現了青黴素，並以此獲得了諾貝爾獎。

這個故事聽起來很簡單，但是你仔細想想，其實並不簡單。科學家做實驗往往要準備好多個培養皿，而當時的實驗也不是爲了發現能殺死細菌的物質，而且實驗條件有限，出現樣品汙染也十分正常。如果你對每個看上去不太對的培養皿都進行深入研究，那你最大的可能就是在浪費時間。**你必須學會忽略雜訊，抓住主題，才能高效率地完成研究工作，而這恰恰就是「認知抑制」的作用**。認知抑制是理性的，認知抑制解除是非理性的。

正常人不應該關注那個有青黴的培養皿。但是弗萊明卻關注了。你說他到底是天才，還是瘋子？藝術家也是這樣。他們經常能從生活中不被注意的小細節裡得到靈感，做出創造性的作品。瘋子也是這樣。關注不該關注的細節，不會過濾錯誤的想法，他們和天才的差別在哪裡呢？

差距在於「智能」

西蒙頓說，差距在於智能。

如果一個人的智能高，他就能判斷哪些細節重要，哪些細節不重要；他就能在「認知抑制解除」之後，再次忽略不重要的細節，把重要的細節留下，使之成爲自己的靈感來源。而那些智能低、認知抑制解除水準又特別高的人，他的大腦就會被大量不重要的資訊和幻覺轟炸，不能控制自己的想法，就成了一個瘋子。這就是天才和瘋子最重要的區別。

所以「智能」和「想法多」是兩個不同的維度。智能是對想法的選擇和加工處理。只有想法卻沒有智能，就是瘋子；只有智能而沒有想法，就會缺乏創造性。

有些領域更強調智能，有些領域更強調想法。西蒙頓特別提到，在數學、物理、化學這些「硬科學」領域，天才和瘋子的區別是比較明顯的，因爲硬科學對智能要求高，能夠進入這一行業的肯定都是有一定智能的人，他們善於判斷，不太可能瘋掉。

但特別有意思的是，那些在「硬科學」中做出了革命性發現，甚至能改變同行思維的人物，反而和瘋子的聯繫更近一些，更像藝術家——因爲他們需要創造性，要調動更多的「認知抑制解除」。

那麼要想當天才，最理想的狀態當然是在具備「認知抑制解除」的同時，還能夠保持清醒。怎麼訓練才能有這個效果呢？西蒙頓也在文章中提到了一項研究，這個方法可比

「腦筋急轉彎」難多了。

這個研究說，如果一個人在青少年時代，他生存的環境有較強的多樣性，他就能夠獲得更好的創造性，同時又能保持理性。所謂「多樣性」的環境，就是各種複雜的經歷，比如一個能接觸到不同文化的環境、一個多語言的環境，或者是生活經歷坎坷，有過貧困或者單親這樣的苦難。

我們要提升自己的敏感度，同時也要學會主動忽略。

如果用一個公式總結，那就是——創造力，等於大膽嘗試新想法乘上智能。

這裡最值得強調的收穫是：「想法多」不等於「智能水準高」。如果沒有足夠的智慧去判斷、篩選、駕馭和經營那些想法，那麼最後就只能停留在膚淺的表面。「智能」和「想法多」的關係，也許就相當於「學習好」和「跑得快」的關係，是兩個不同的維度。

爲什麼多樣化的環境能在培養一個人的敏感度的同時，還讓他保持清醒呢？我認爲，這種敏感度是後天習得的，而瘋子的敏感度可能是先天的。先天敏感度高可能並不是一件好事，因爲你不容易控制它。但如果敏感度是後天慢慢習得的，你就可以一直控制它，爲你所用。在這個特定情況下，後天的東西要比先天的好。

最後，我想到電影《美麗境界》裡的一個情節，當然我不知道這個情節是眞實發生過還是編劇瞎造的。納許患精神病期間，經常幻想有兩個男人領著一個小女孩來找他，可是他無法區分幻想和現實。

最後他是怎麼戰勝這個幻想的呢？突然有一天，納許說，我知道他們是假的了——這幾年來，那個小女孩從來都沒有長大過！

納許是用理智戰勝了幻想。創造力，等於大膽嘗試新想法乘上智能。既要任性，還得理性。

而天才和瘋子的關係，大概可以用表29-1總結。

表 29-1

	認知抑制解除高	認知抑制解除低
智能高	天才	缺乏創造性但是能幹可靠的人才
智能低	瘋子	「正常」人

第30章

內隱學習和外顯學習

這一篇說一個比較領先的心理學概念——「內隱學習」（implicit learning）。內隱學習是「當前科學理解」尚未搞懂的一種學習方式。其實你一直都在用這個方式學習，但是你不一定知道。

爲了理解內隱學習這個概念，我們先說它的反義詞，叫「外顯學習」（explicit learning）。所謂外顯學習，其實就是我們熟悉的、正常的學習方式。

比如要學習一個數學知識，你肯定要先了解相關概念的定義，掌握其中的使用規則。你記住概念和規則，就可以在相應的場景下正確使用。這些知識都是明確的——所以叫「外顯」。學校裡教的和書本上講的知識幾乎都是外顯的。像我這篇文章，也是先用非常明確的方式告訴你我要說的是什麼。

外顯學習就如同工程師寫程式，講究「先定義，後使用」。這樣學習的內容才符合邏輯，才能夠被理解。

但外顯學習並不是最自然的學習方式。試想一個兩歲的小孩學語言，他是怎麼學的？

你會明確告訴他定義和規則嗎？比如爲了讓他知道「桌子」這個詞的意思，難道你會說「桌子就是一個通常爲長方形或者圓形的、表面絕對平整、有四條腿或者六條腿、一般用於寫字和吃飯的物體」嗎？你不會。

小孩都是在潛移默化中學習語言。他根本說不清桌子的定義是什麼，但是當他看見桌子的時候，他知道那是一張桌子。他不懂語法規則，但是他能把話說得符合語法；而且如果你故意說一句不符合語法的話，他能聽出來這句話有毛病。

這種學習就叫內隱學習。內隱學習是必不可少的學習方式。我們長大以後在學校學外語用的基本上是外顯學習法，又是背單字又是記語法，中英對照，學得很生硬。你非得到一個眞正的外語環境之中，跟當地人打成一片，慢慢說溜了，才知道各種道地的說法，才會識別不道地的說法，才能體會到那個說不清道不明的「語感」。

不知不覺就會了，會了也說不清楚，這種感覺，你很熟悉吧！

內隱學習如何進行？

內隱學習到底是怎麼進行的呢？你可能聽說過各種民間說法，但是我可以非常負責任地說，目前沒有被普遍接受的科學解釋。

小孩是怎麼學會語言的？有一種說法認爲語言學習有個「窗口期」，在一到三歲之所以最適合學語言，是因爲幼年大腦的「可塑性」特別高：這時候是一學就會，長大了就算刻苦努力，發音也會很生硬——這個解釋，強調的是硬體。

發展心理學家愛麗森・高普尼克（Alison Gopnik）強調的是軟體，她說小孩的學習都是靠猜測和試錯，是如貝式推論的學習，而這個方法對人工智慧演算法特別有借鑑意義。

這些說法都有道理，但是它們不能解釋，既然兒童這麼善於學習，他們學別的爲什麼不行呢？任何一個輔導過孩子學數學的家長都有這樣的體會：說話好像沒怎麼教就自然而然會了，爲什麼學二十以內的加減法這麼費勁呢？

現在很多研究內隱學習的研究者認爲，內隱學習和外顯學習的適用領域是不一樣的。外顯學習適合規則明確的簡單領域。沒錯，規則明確的領域其實是簡單領域。二十以內加減法很簡單，而你只要能把規則說明白，操控一個核電廠其實也很簡單。

內隱學習則適合沒有明確規則的複雜領域。語言是非常複雜的，這就是爲什麼讓人工智慧掌握人的語言那麼難。不過複雜並不完全等於困難，只要方法得當，連小孩都能應對一些複雜問題。

比如說，就繪畫而言，印象派、點描派、野獸派和立體派，到底應該如何區分呢？單純用文字很難明確描述。但是如果把各派的作品都找來一百幅，一邊看一邊猜一邊請人糾正錯誤，可能很快就學會判斷了。

內隱學習，學的是一種「感」，似乎都是在實踐中學。足球教練會閱讀比賽，官場老油條善於判斷形勢，他們不再是孩子了，但是仍然在使用內隱學習。

眞有「奇人」？

「當前科學理解」做事的風格是非常保守的。關於內隱學習，心理學家正在試圖探究，它到底是不是一個眞的另類的學習方式。

有很多人猜測，內隱學習和外顯學習調用的是大腦的不同部分和不一樣的神經網路，這就是爲什麼小孩學語言比大人快，大人學規則比小孩快。可是這怎麼證明呢？我們體會一下其中的科學方法。

二〇一九年七月發表的威斯康辛大學的一項研究，用四種方法測試內隱學習的能力，分別是：

一、給若干段由虛構的單字組成的句子，讓你體會其中的語法結構，然後判斷其他句子是否符合這種語法。

二、觀察一些圖片導致的結果，判斷新的圖片會導致什麼結果。

三、觀察螢幕上一個飄忽不定的圓圈的落點，判斷它的下一個落點區域。

四、根據回饋，給一個視覺刺激分類。

研究者首先要證明內隱學習的確是一種能力，而不是純屬瞎猜的東西。他們的做法是找一群受試者，先用這四個方法測試一遍，看看這些人中誰強誰弱；然後過一個星期讓他們再來，換一套題目再測試一遍。結果發現受試者在這些測試中的表現的確是因人而異，而且兩次測試的結果具有相關性。也就是說，第一次表現好的人第二次表現也好。

這樣的結果就叫作「穩定」。穩定，說明你測試的這個東西是個眞東西，不是運氣，不是瞎猜的，可能眞的是一種能力。爲什麼我們說「炒股」不可靠呢？就是因爲絕大多數在股市上賺到錢的人都不是穩定發揮，可能去年賺了一大筆，今年全賠進去了，讓你不得不懷疑他是靠運氣賺錢。

再者，研究者還要證明內隱學習是和外顯學習不一樣的能力。對於外顯學習這種能力，心理學家早就已經有比較成熟的看法了。我們學習一套規則，記住然後能靈活運用，這和「短期工作記憶」以及智商有關。

研究者讓這些受試者當場做了短期工作記憶和智商測驗，發現他們的成績與內隱學習測驗的成績沒有相關。這就說明內隱學習不是由短期工作記憶和智商決定的，它是個和外顯學習不一樣的能力。

這是一個非常有意思的發現。有些文學作品喜歡編一些不聰明、邏輯能力很弱、但是卻擁有某種特殊認知能力的「奇人」，看來也不是一點根據都沒有。

如何利用內隱學習？

我還看到前面其中一位研究者參與、在二〇一四年發表的研究，有個更有意思的結論。我們知道外顯學習應該專心致志地進行，得集中注意力，不能一心二用。而這個研究用實驗證明，對於內隱學習來說，不集中注意力反而更好。

研究者也是讓受試者做像前述一類的內隱學習測試，但有時候會在受試者學習的同時干擾他們，比如讓他們一邊聽例句一邊替一個圖形塗色，逼著他們分心。結果發現，對外顯學習來說，分心會降低學習水準，可是對內隱學習來說，分心反而還能提高學習水準。

這也就是說，集中注意力有可能會妨礙內隱學習。

這是爲什麼呢？外顯學習的規則是明確的，你得集中注意力才能記住規則。而研究者分析，因爲內隱學習的內容都是沒有明顯規則的，你愈是努力尋找規則，就愈可能鑽牛角尖，找到一些根本不是規則的規則；你還不如放鬆注意力，讓頭腦保持開放，直接感受資訊，反而更容易領悟那種「感」。

這就解釋了爲什麼學齡前兒童善於學語言而不善於學數學。學數學需要集中注意力。人腦負責集中注意力的區域主要是前額葉皮質。這個區域的發育非常緩慢，要到青春期以後才能成熟。兒童的前額葉皮質還沒有發育好，當然就不善於集中注意力。

兒童學語言可不是坐在那裡認眞聽講學會的。他們一邊玩一邊學，有時候與你對話，有時候是偶爾聽到你說話。他們是不經意地學，誰都不知道他們什麼時候學的，但他們就是學會了。他們不擅長集中注意力，而注意力恰恰還會妨礙「語感」。

我們想想自己會的那些東西，是不是其中有一些就是不經意學會的。你是什麼時候學會處理複雜人際關係的呢？你是向誰學的講笑話呢？可能都是潛移默化的內隱學習。

由此說來，作家看看各種閒書，官員研究研究歷史，這些事兒愈是不刻意，可能反而效果愈好。你想要的不是什麼明確規則，而是把握一個說不清道不明的「感」。

以前我讀過一本圍棋書（記憶中是日本棋手藤澤秀行所寫），要求年輕棋手要多多打譜。也就是拿前輩高手的實戰棋譜，自己照著一步一步擺出來。那本書說打譜的時候不用想太多，不要停下來琢磨前輩當時爲什麼要那樣走，你只要趕緊從棋譜上找到下一步的落子，快速把一盤棋擺完就行。

我當時無法理解爲什麼要這樣打譜。現在想起來，也許打譜是內隱學習：你想要的是「棋感」，所以你不應該想太多。

附錄 高手學習書單

學精第一

- 《異數：超凡與平凡的界線在哪裡？》（*Outliers : The Story of Success*），麥爾坎·葛拉威爾（Malcolm Gladwell）著
- 《我比別人更認真：刻意練習讓自己發光》（*Talent is Overrated: What Really Separates World-Class Performers from Everybody Else*），傑夫·柯文（Geoff Colvin）著
- 《天才密碼》（*The Talent Code: Greatness isn't born. It's grown*），丹尼爾·科伊爾（Daniel Coyle）著
- 《決斷2秒間：擷取關鍵資訊，發揮不假思索的力量》（*Blink: The Power of Thinking Without Thinking*），麥爾坎·葛拉威爾（Malcolm Gladwell）著
- 《快思慢想》（*Thinking, Fast and Slow*），丹尼爾·康納曼（Daniel Kahneman）著
- 《零偏見決斷法：如何擊退阻礙工作與生活的四大惡棍，用好決策扭轉人生》（*Decisive: How to Make Better Choices in Life and Work*），希思兄弟（Chip Heath & Dan Heath）著
- 《創意工廠》（*The Idea Factory: Bell Labs and the Great Age of American Innovation*），喬恩·格特納（Jon Gertner）著
- 《不要當這樣的科學家》（*Don' t Be Such a Scientist: Talking Substance in an Age of Style*），蘭迪·歐爾森

（Randy Olson）著

- 《娛樂至死：追求表象、歡笑和激情的媒體時代》（*Amusing Ourselves to Death: public discourse in the age of show business, 20th Anniversary Edition*），尼爾・波茲曼（Neil Postman）著
- 《虎媽的戰歌》（*Battle Hymn of the Tiger Mother*），蔡美兒（Amy Chua）著
- 《邁可・喬丹傳：為萬世英名而戰》（*Playing for Keeps*），大衛・胡柏斯（David Halberstam）著
- 《增強你的意志力：教你實現目標、抗拒誘惑的成功心理學》（*Willpower: Rediscovering the Greatest Human Strength*），約翰・提爾尼（John Tierney）著
- 《心流：高手都在研究的最優體驗心理學》（*Flow: The Psychology of Optimal Experience*），米哈里・契克森米哈伊（Mihaly Csikszentmihalyi）著
- 《心態致勝：全新成功心理學》（*Mindset: The New Psychology of Success*），卡蘿・杜維克（Carol Dweck）著
- 《最強大腦學習法：不專心，學更好》（*How We Learn: The Surprising Truth About When, Where, and Why It Happens*），班尼迪奈克・凱瑞（Benedict Carey）著
- 《反脆弱：脆弱的反義詞不是堅強，是反脆弱》（*Antifragile : Things That Gain from Disorder*），納西姆・尼可拉斯・塔雷伯（Nassim Nicholas Taleb）著
- 〈最佳學習的八五%規則〉（The Eighty Five Percent Rule for Optimal Learning），羅伯・威爾森（Robert Wilson）著

學廣第二

- 《如何思考：Liberal Arts的前世今生》（*How to Think: The Liberal Arts and Their Enduring*），邁克爾・D・C・德魯特（Michael Drout）著
- 《優秀的綿羊：耶魯教授給20歲自己的一封信，如何打破教育體制的限制，活出自己的人生》（*Excellent Sheep: The Miseducation of the American Elite & the Way to A Meaningful Life*），威廉・德雷西維茲（William Deresiewicz）著
- 《演算法下的行銷優勢》（*Sensemaking：The Power of the Humanities in the Age of the Algorithm*），克里斯汀・麥茲伯格（Christian Madsbjerg）著
- 《人文學科的逆襲：「無路用」學門畢業生的職場出頭術》（*You Can Do Anything: The Surprising Power of a "Useless" Liberal Arts Education*），喬治・安德斯（George Anders）著
- 《黑天鵝效應：如何及早發現最不可能發生但總是發生的事》（*The Black Swan: The Impact of the Highly Improbable*），納西姆・尼可拉斯・塔雷伯（Nassim Nicholas Taleb）著
- 《讓「少」變成「巧」：延展力：更自由、更成功的關鍵》（*Stretch: Unlock the Power of Less-and Achieve More Than You Ever Imagined*），史考特・索南辛（Scott Sonenshein）著
- 《跨能致勝：顛覆一萬小時打造天才的迷思，最適用於AI世代的成功法》（*Range: Why Generalists Triumph in a Specialized World*），大衛・艾波斯坦（David Epstein）著

創造第三

- 《大腦喜歡這樣學：先認識自己的大腦，找到正確的思考路徑，就能專注、不拖延，提高記憶力，學會如何

學習》〔*A Mind For Numbers: How to Excel at Math and Science*（*Even If You Flunked Algebra*）〕，芭芭拉．歐克莉（Barbara Oakley）著

- 《亂，但是更好：亂中取勝，即興發揮，攻其不備，創造機會》（*Messy: The Power of Disorder to Transform Our Lives*），提姆．哈福特（Tim Harford）著
- 《創意從何而來：讓好點子源源不絕的7大模式》（*Where Good Ideas Come From: The Natural History of Innovation*），史蒂文．強森（Steven Johnson）著
- 《怪人：在局內人的世界裡做一個局外人》（*Weird: The Power of Being an Outsider in an Insider World*），奧爾加．卡贊（Olga Khazan）著
- 《唯一的觀眾》（*An Audience of One: Reclaiming Creativity for Its Own Sake*），勞．斯里尼瓦斯（Rao Srinivas），羅賓．德拉布（Dellabough Robin）著
- 《熱愛的悖論》（*The Passion Paradox: A Guide to Going All in, Finding Success, and Discovering the Benefits of an Unbalanced Life*），布拉德．史特爾伯格（Stulberg Brad），史特夫．馬尼斯（Magness Steve）著
- 《令人神往的靜坐開悟》（*Why Buddhism is True*），羅伯．賴特（Robert Wright）著
- 《言歸正傳：畢田芳說畢田芳》，畢田芳著
- 《尋找創意甜蜜點：掌握創意曲線，發現「熟悉」與「未知」的黃金交叉點，每個人都是創意天才》（*The Creative Curve: How to Develop the Right Idea, at the Right Time*），亞倫．甘奈特（Allen Gannett）著

策略第四

- 《終結平庸：哈佛最具衝擊性的潛能開發課，創造不被平均值綁架的人生》（*The End of Average: How We*

Succeed in a World That Values Sameness），陶德．羅斯（Todd Rose）著

- 《反對教育的理由》（*The Case against Education*），布萊恩．卡普蘭（Bryan Caplan）著
- 《超速學習：我這樣做，一個月學會素描，一年學會四種語言，完成MIT四年課程》（*Ultralearning: Master Hard Skills, Outsmart the Competition, and Accelerate Your Career*），史考特．楊（Scott Young）著
- 〈為什麼最成功的學生對學校沒有熱情？〉（Why the Most Successful Students Have No Passion for School?），李知炫（Jihyun Lee）著
- 〈增長的結構：學習可不是簡單任務〉（The Structures of Growth: Learning Is No Easy Task），大衛．布魯克斯（David Brooks）著
- 〈兩種增長類型〉（Two Types of Growth），史考特．楊（Scott Young）著

兵器第五

- 《原則：生活和工作》（*Principles: Life and Work*），瑞．達利歐（Ray Dalio）著
- 《匱乏經濟學：為什麼擁有的老是比想要的少？面對匱乏感最強烈的時刻，你該如何做聰明抉擇？》（*Scarcity: Why Having Too Little Means So Much*），森迪爾．穆蘭納珊（Sendhil Mullainatha），埃爾達．夏菲爾（Eldar Shafir）著
- 《自滿階級：弄巧成拙的美國夢》（*The Complacent Class: The Self-Defeating Quest for the American Dream*），泰勒．科文（Tyler Cowen）著
- 《對糖的指控》（*The Case Against Sugar*），蓋瑞．陶布斯（Gary Taubes）著
- 《國富論》（*The Wealth of Nations*），亞當．斯密（Adam Smith）著

- 《道德情操論》（*The Theory of Moral Sentiments*），亞當・斯密（Adam Smith）著
- 《你可以自私自利，同時當個好人》（*How Adam Smith Can Change Your Life: An Unexpected Guide to Human Nature and Happiness*），路斯・羅伯茲（Russ Roberts）著
- 《決斷的演算：預測、分析與好決定的11堂邏輯課》（*Algorithms to Live By: The Computer Science of Human Decisions*），湯姆・葛瑞菲斯（Tom Griffiths）／布萊恩・克里斯汀（Brian Christian）著
- 《引爆瘋潮：徹底掌握流行擴散與大眾心理的操作策略》（*Hit Makers: How Things Become Popular*），德瑞克・湯普森（Derek Thompson）著
- 《失控的同理心》（*Against Empathy: The Case for Rational Compassion*），保羅・布盧姆倫（Paul Bloom）著
- 〈為何貧困是一種疾病？〉（Why Poverty Is Like a Disease?），克利斯蒂安・庫珀（Christian Cooper）著

無為第六

- 《為與無為：自發性的藝術和科學》（*Trying not to Try: The Art and Science of Spontaneity*），森舸瀾（Edward Slingerland）著
- 《盜火：矽谷、海豹突擊隊和瘋狂科學家如何變革我們的工作和生活》（*Stealing Fire: How Silicon Valley, the Navy SEALs, and Maverick Scientists Are Revolutionizing the Way We Live and Work*），史蒂芬・科特勒（Steven Kotler）、傑米・威爾（Jamie Wheal）著
- 〈如果你認為你是天才，那麼你就是瘋子〉（If You Think You're a Genius, You're Crazy），迪恩・西蒙頓（Dean Simonton）

國家圖書館出版品預行編目 (CIP) 資料

高手學習 :「精英日課」人氣作家，教你學精、學廣，煉成別人拿不走的超強自學力 / 萬維鋼著 . -- 初版 . -- 臺北市：遠流出版事業股份有限公司，2021.02
面；　公分
ISBN 978-957-32-8960-9（平裝）

1. 學習方法

521.1　　109022176

Beyond 026

高手學習

「精英日課」人氣作家，教你學精、學廣，煉成別人拿不走的超強自學力

作者／萬維鋼
圖片提供／萬維鋼

資深編輯／陳嬿守
校對協力／呂佳真
封面設計／萬勝安
行銷企劃／舒意雯
出版一部總編輯暨總監／王明雪

發行人／王榮文
出版發行／遠流出版事業股份有限公司
地址／ 104005 臺北市中山北路一段 11 號 13 樓
電話／ (02)2571-0297　傳真／ (02)2571-0197　郵撥／ 0189456-1
著作權顧問／蕭雄淋律師
2021 年 2 月 1 日　初版一刷
2023 年 7 月 10 日　初版八刷

定價／新臺幣 380 元

ISBN 978-957-32-8960-9
遠流博識網 http://www.ylib.com　E-mail: ylib@ylib.com
遠流粉絲團 https://www.facebook.com/ylibfans